Spa do Casamento

Copyright© 2019 by Literare Books International
Todos os direitos desta edição são reservados à Literare Books International.

Presidente:
Mauricio Sita

Capa, diagramação e projeto gráfico:
Gabriel Uchima

Revisão:
Camila Oliveira e Rodrigo Rainho

Diretora de projetos:
Gleide Santos

Diretora de operações:
Alessandra Ksenhuck

Diretora executiva:
Julyana Rosa

Relacionamento com o cliente:
Claudia Pires

Impressão:
Gráfica ANS

Dados Internacionais de Catalogação na Publicação (CIP)
(eDOC BRASIL, Belo Horizonte/MG)

A474s Alves, Elismar.
       Spa do casamento: descubra o segredo dos casais felizes / Elismar Alves. – São Paulo, SP: Literare Books International, 2019.
       14 x 21 cm

       ISBN 978-85-9455-181-8

       1. Casamento. 2. Relação homem-mulher I. Título.
                                                    CDD 392.5

Elaborado por Maurício Amormino Júnior – CRB6/2422

Literare Books International
Rua Antônio Augusto Covello, 472 – Vila Mariana – São Paulo, SP
CEP 01550-060
Fone/fax: (0**11) 2659-0968
site: www.literarebooks.com.br
e-mail: literare@literarebooks.com.br

PREFÁCIO

Este é um livro único! Aborda praticamente tudo sobre o casamento e, mais do que isso, se aprofunda nos temas que têm a ver com o relacionamento bem-sucedido. Casar e até manter um casamento não são coisas difíceis. O bicho pega quando é feita a avaliação da felicidade do casal.

Elismar trata das minúcias e dá um caráter técnico, quase científico, para a solução das questões que surgem no dia a dia dos casais.

Os pensamentos e teorias expostos aqui são coerentes com o que tenho falado ao longo do tempo, em livros, palestras e *workshops*. É possível prolongar os relacionamentos e sonhar com o amor eterno.

Já que a fase da paixão e do encantamento é maravilhosa, e leva as pessoas a casarem, por que não fazer de tudo para mantê-la por toda a vida?

Uma das citações mais famosas do sociólogo polonês Zygmunt Bauman, que faleceu em janeiro de 2017, é: "Vivemos em tempos líquidos. Nada foi feito para durar".

Ocorre que não queremos concordar com ela, quando se refere ao amor.
Você, caro leitor ou cara leitora, lembra de como curtia ouvir as mesmas músicas? Com certeza gostava de passear de mão dadas, dançar, cantar mesmo desafinadamente. Divertia-se com as longas conversas sobre nada e sobre tudo. E todos os momentos juntos eram recheados com abraços, amassos e muitos beijos, não eram?
Que tal não perder o hábito de se presentearem, de jantares preparados com amor, flores e com muitos beijos?
Já reparou que depois de uma noite de amor e sexo intenso o encaixe para dormir era perfeito e ambos acordavam mais felizes, sorrindo e vendo beleza até em dia nublado?
É muito bom adorar a presença do outro e ter sempre a certeza de que aquele é o amor com que todos sonham, mas poucos conseguem.
Tenho a impressão de que é mais ou menos isso que todos gostariam de sentir e de viver.
Isso acontece com você?
Não é fácil, mas não é impossível ter uma relação de amor profundo, que seja duradoura e feliz.
Este livro vai ajudar muito a fazer com que o amor seja o vencedor na sua vida.

Mauricio Sita
Mestre em Psicanálise Clínica
Presidente da Literare Books International

Sumário

- **Introdução** 7
- **Capítulo 1:** Autoconhecimento 15
- **Capítulo 2:** Comunicação 27
- **Capítulo 3:** Relacionamento 45
- **Capítulo 4:** Papéis e responsabilidades 55
- **Capítulo 5:** Soluções 63
- **Capítulo 6:** Objetivos e planejamentos 81
- **Capítulo 7:** Clima e romance 109
- **Capítulo 8:** Compromisso absoluto 123
- **Capítulo 9:** Uma longa e maravilhosa jornada 131

INTRODUÇÃO

Alguns dias atrás, eu estava pensando sobre o que é um compromisso que dura, que atravessa tempestades, que supera barreiras e que vai além de simples promessas feitas na hora da empolgação ou no calor das emoções. Esse pensamento veio à cabeça porque eu tinha acabado de ouvir uma história de um amigo que estava inconformado como as coisas estavam mal no seu casamento. Ele confidenciou que parecia que tudo o que haviam planejado para a relação foi esquecido e já não fazia mais diferença alguma. Ele também comentou que não sabia a causa, se era culpa dele ou da sua quase ex-mulher. Eu disse quase ex-mulher porque ele não tinha certeza se a relação duraria por mais algum tempo.

No fundo, essa é uma realidade triste, endossada, inclusive, pelas estatísticas brasileiras. Os casamentos no país duram, em média, 14 anos, segundo dados das "Estatísticas do Registro Civil 2017", divulgados pelo Instituto Brasileiro de Geografia e Estatística (IBGE). A informação leva em conta o tempo médio transcorrido entre o casamento e a data da sentença do divórcio. Na comparação com anos anteriores em que o levantamento foi feito, observa-se que as uniões estão menos duradouras. Em 2007, o tempo médio era de 17 anos, mesmo período que havia sido observado em 2002.

Ainda de acordo com as estatísticas, um a cada três casamentos acaba em divórcio.

Quando olhamos para as relações humanas atuais, notamos como compromisso, lealdade, hombridade e outras qualidades importantes foram esvaziadas e descontinuadas. Então, as relações se tornaram mais frívolas e efêmeras. As pessoas se tornaram como que objetos descartáveis e desprezáveis após o "uso".

Este quadro se repete em todas as instâncias da sociedade: casamentos, famílias, escolas, empresas, instituições religiosas, etc.

Até parece ironia, quanto mais conectados pela tecnologia, mais desconectados nas relações pessoais.

Se por um lado muita coisa evoluiu, as emoções e sentimentos ou mágoas e ressentimentos ainda são os mesmos e continuam machucando e marcando a vida das pessoas praticamente para sempre.

As pessoas estão sobrevivendo a tudo isso, mas qual a qualidade emocional das pessoas e familiares (pais e filhos) que passaram por processos de cisão na relação?

Hoje é comum ouvirmos jovens falando que vão se casar e, se não der certo, separam, afinal é fácil. Mas será que essa é a melhor e única solução? Será que não existe um meio para prevenir ou curar as relações antes que se chegue a esses extremos? Existem muitos *sites* e revistas dando dicas sobre como manter e melhorar o relacionamento, mas parecem não surtir o efeito desejado.

Diante de vários livros, terapias e formas de ajuda para relacionamentos, oferecemos uma nova maneira de abraçar essa causa de forma prática, factível e tangível para as pessoas realmente interessadas em viver o melhor de um relacionamento conjugal.

Não pretendemos exaurir o assunto e nos apresentar como a solução para todos os males. Não queremos nos colocar em posição de superioridade aos demais escritores e profissionais que atuam na área. Não queremos sugerir que as pessoas abandonem seus tratamentos para substituí-los por uma nova moda.

Queremos apresentar uma alternativa sóbria, estruturada e que saia da posição de desenhar ou mostrar o estado ideal das coisas para oferecer caminhos e propor ações que conduzam aos resultados positivos desejados. O que defendemos aqui é uma cultura de resultados por ações diferentes das já tentadas anteriormente. Como já dizia Einstein, "insanidade é esperar resultados diferentes fazendo as mesmas coisas de sempre".

Então, eu convido você a uma jornada de reflexões, reposicionamentos, escolhas, reaprendizados e de permissão para viver um compromisso que valha a pena para você e para o seu cônjuge.

Não vamos apresentar soluções de prateleira. Não vamos apresentar resultados mágicos. Não vamos apresentar promessas incondicionais de resultados a qualquer custo. Não vamos apresentar a ideia de que tudo é fácil. Se fosse fácil, já estaria pronto e não haveria necessidade de melhorias.

Vamos apresentar, sim, caminhos, ferramentas e sugestões que dependerão da sua escolha e decisão para colocar em prática e obter resultados consistentes se fizer sentido para você.

O termo SPA do Casamento faz sentido na medida em que o conceito de SPA é um lugar agradável para tratamento e aprendizagem de novas práticas para o bem-estar físico. Este livro apresenta caminhos e sugestões para proporcionar o bem-estar no casamento ou relacionamento.

Mas, antes de apresentar possíveis caminhos, vamos analisar o que é considerado um casamento bem-sucedido de acordo com as pesquisas do Dr. Barry McCarthy[1]. Segundo o pesquisador, existem fatores que contribuem

---

[1]. McCarthy, Barry & McCarthy, Emily (2004). *Getting It Right the First Time: Creating a Healthy Marriage* (https://www.psychologytoday.com/blog/whats-your-sexual-style/201207/whatmakes-happy-successful-marriage).

para um casamento bem-sucedido. Abaixo, mostramos os fatores divididos por grupos:

A. FATORES HISTÓRICOS

1. Os cônjuges cresceram em uma família sólida e funcional;
2. Os pais deles eram boas referências conjugais;
3. Os pais tinham estabilidade psicológica.

B. FATORES DE PREDISPOSIÇÃO

1. Ter, no mínimo, 21 anos de idade no momento do casamento;
2. Casar por razões positivas: querer realmente casar com a pessoa. O casamento impulsionado por motivações negativas, como medo da solidão, pressão dos pais/sociedade ou outras razões, corre muitos riscos de rompimento;
3. Conhecer o parceiro pelo menos um ano antes de casar;
4. Ter semelhança em termos de classe socioeconômica, raça, religião e educação;
5. Ter atração física com potencial para desenvolver um bom relacionamento íntimo;
6. Discutir com liberdade questões importantes como trabalho, dinheiro, filhos, onde viver, etc.;

7. Ter apoio da família e amigos;
8. Ter respeito e ser amigo do futuro cônjuge;

C. FATORES DE PROCESSO

1. Ter vínculo de respeito, confiança e intimidade forte nos dois primeiros anos de casamento;
2. Desenvolver acordos para lidar com as diferenças e conflitos;
3. Aguardar pelo menos dois anos para ter o primeiro filho;
4. Desenvolver um relacionamento íntimo que seja confortável, funcional e prazeroso para os dois;
5. Aceitar que aproximadamente 30% dos problemas são resolvidos, de 50% a 60% são modificáveis, e de 10% a 20% devem ser aceitos como são;
6. Ter sempre expectativas positivas e otimistas.

Talvez, ao ler tudo isso, chegue à conclusão de que vários desses fatores não foram observados por você antes e nem durante o seu casamento e, por isso, muita coisa não funciona. Temos uma boa notícia: os fatores históricos são imutáveis, os fatores de predisposição podem ser mudados ou compensados e os fatores de processo podem estar totalmente sob controle. A grande questão para reflexão é: o que você decide fazer para melhorar definitivamente o seu casamento?

Spa do casamento

A melhor maneira de aproveitar este livro é lê-lo aos poucos e colocar em prática o que você vai aprendendo. Adultos aprendem melhor por vivências.

Eu faço um convite especial a você: ouse experimentar as ações propostas no livro. Permita-se vivenciar cada detalhe e cada palavra.

Eu posso afirmar que os conceitos e aprendizados vão muito além das minhas palavras escritas aqui. Simplesmente porque encontrarão a sua experiência e o seu entendimento e poderão ser ampliados, aprofundados e ressignificados.

Capítulo 1

Autoconhecimento

1.1. JANELA DE JOHARI

O autoconhecimento, segundo a psicologia, significa o conhecimento de um indivíduo sobre si mesmo. A prática de se conhecer melhor faz com que uma pessoa tenha controle sobre suas emoções, independentemente de serem positivas ou não. Tal controle emocional provocado pelo autoconhecimento pode evitar sentimentos de baixa autoestima, inquietude, frustração, ansiedade, instabilidade emocional e outros, atuando como importante exercício de bem-estar e ocasionando resoluções produtivas e conscientes acerca de seus variados problemas.

Muitas pessoas não se conhecem o suficiente para estar no controle das suas emoções. Quando isso acontece, é comum nos depararmos com indivíduos que explodem por qualquer coisa e descarregam suas emoções e frustrações nos outros e, principalmente, na chamada "pessoa amada". Todos nós temos uma oportunidade de nos conhecer melhor. De acordo com dois estudiosos do comportamento humano, Joseph Luft e Harrington Ingham (LUFT, Joseph; INGHAM, Harrington, The Johari Window, a *Graphic Model for Interpersonal Relations*, Los Angeles, University of California,(UCLA), Western Training Laboratory for Group Development, 1955), nossa interação com os outros acontece por um modelo de representações chamado de Janela de JOHARI (junção dos nomes dos dois). Vejamos como acontece a seguir.

O conceito tem um modelo de representação que permite revelar o grau de lucidez nas relações interpessoais, classificando os elementos que as dominam, em um gráfico de duas entradas (janela): busca de *feedback versus* autoexposição, subdividido em quatro áreas:

• Área livre ou eu aberto;
• Área cega ou eu cego;
• Área secreta ou eu secreto;
• Área inconsciente ou eu desconhecido.

Para compreender o modelo de representação, imagine uma janela com quatro "vidros" e que cada "vidro" corresponde a uma área anteriormente descrita, sendo a definição de cada uma delas:

- **Área livre ou eu aberta** – zona que integra o próprio conhecimento e também o dos outros (na figura a seguir está representada pelo Palco);
- **Área cega ou eu cego** – zona de conhecimento apenas detida pelos outros e, portanto, desconhecida pela pessoa (na figura a seguir está representada pela Fachada);
- **Área secreta ou eu secreto** – zona de conhecimento pertencente à pessoa e que não partilha com os outros (na figura a seguir está representada pelo Sótão e Disfarces);
- **Área inconsciente ou eu desconhecido** – zona que detém os elementos de uma relação em que nem a pessoa nem os outros têm consciência ou conhecimento (na figura a seguir está representada pelo Porão).

Para se entender melhor o funcionamento da janela, vejamos este exemplo.

Numa relação recente, quando dois interlocutores (duas janelas) iniciam o seu primeiro contato, a interação apresenta áreas livres muito reduzidas, áreas cegas relativamente grandes, áreas secretas igualmente extensas e, obviamente, áreas inconscientes intactas. Dá para perceber que será uma conversa muito difícil, não é?

Veja uma representação gráfica desse conceito:

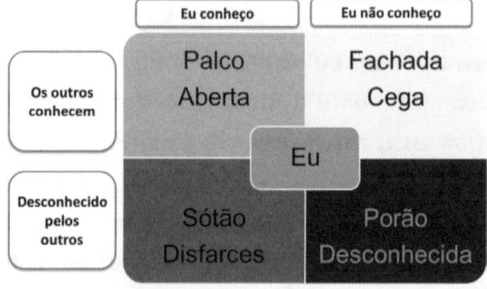

Existe um teste simplificado que mostra como está a divisão das janelas do indivíduo e visa elucidar a área que representa o maior problema e abrir espaço para melhorias. Vale a pena buscar ajuda de um especialista para entender melhor a aplicação do conceito.

Estamos propondo esse modelo dentro do contexto de um relacionamento porque não temos uma cultura de autoconhecimento e nem somos estimulados pela sociedade, pais e escolas a nos autoconhecer o suficiente para administrar nossas emoções. Ao nos relacionar, ignoramos o quanto a ausência de autoconhecimento interfere negativamente no relacionamento. Vejamos alguns exemplos:

• Uma pessoa com a Fachada muito grande. Isto é, ela não se percebe profundamente. Ela faz coisas que na própria perspectiva são boas quando, na verdade, são ruins. Seria como um humorista contar piadas ruins e somente ele rir das próprias piadas.

Uma pessoa com essas características se comporta de forma relapsa no casamento porque não percebe que seus comportamentos são inadequados;

• Uma pessoa com a área Sótão ou Disfarces muito grande. Normalmente, é alguém misterioso que dificilmente revela ou fala o que pensa ou sente. No relacionamento, o cônjuge nunca saberá o que fazer exatamente, pois o parceiro não revela. O pior é que o misterioso cria expectativas sem ter dito o que realmente espera;

• Uma pessoa que tem o Porão muito grande é alguém que não conhece suas virtudes e seus defeitos e, quando está sob pressão, reage de forma totalmente impensada ou tempestiva, não exercendo nenhum controle. Também são pessoas que não se dão conta das suas próprias habilidades, talentos, e se submetem a atividades aquém das suas reais capacidades.

1.2. COMO EU FUNCIONO

Não existe uma cultura de autoconhecimento. As pessoas não são preparadas e nem educadas para se conhecerem melhor. O indivíduo nasce, cresce, vai estudar sempre se preparando tecnicamente. Nenhuma matéria escolar trabalha a questão do se conhecer melhor para melhor se relacionar.

Algumas religiões ou grupos com abordagens espirituais tocam no assunto com mais frequência e até contribuem muito para a melhoria dos relacionamentos. Ressaltamos que o tema não pode ficar somente no âmbito religioso e nem envolvido por questões místicas e espiritualizadas, de forma que sejam inacessíveis para os que não estão inseridos nesses contextos.

Existem no mercado vários testes cientificamente validados que podem proporcionar uma leitura aproximada da realidade do comportamento do indivíduo. Esses testes só podem ser aplicados por profissionais devidamente qualificados para garantir a idoneidade e consistência dos resultados.

No teste comportamental são revelados alguns itens importantes do funcionamento do comportamento da pessoa:

A - Interação com o mundo;
B - Fatores motivadores;
C - Fatores de liderança;
D - Atuação sob pressão;
E - Fatores desmotivadores;
F - Nível de flexibilidade para mudanças;
G - Influência dos fatores externos no comportamento da pessoa;
H - Etc.

O objetivo principal do autoconhecimento é dar ao indivíduo o poder de interceptar determinadas emoções e suas consequências antes que elas assumam o controle da pessoa.

Você pode estar se perguntando: é possível interceptar determinadas emoções? É possível assumir o controle? A resposta direta é sim, mas não é fácil. É necessário treinamento e ajuda de outras pessoas. Pode ser um amigo, um cônjuge ou um profissional especializado.

O processo funciona da seguinte forma: você aprende a identificar sinais da emoção e passa a saber quando ela assumirá o controle, então cria uma forma de anular, suprimir ou interceptar antes que o pior aconteça.

Se você for cristão, o apóstolo Paulo ensina que um dos frutos do Espírito Santo é o autocontrole (temperança ou domínio próprio). Isso prova que desde há muito tempo já se notava a importância desse autocontrole para facilitar as relações interpessoais.

Como ação prática, podemos sugerir um exercício de reflexão para levantar as situações em que você perdeu completamente o controle e descarregou suas emoções em outras pessoas. Pergunte-se: o que causou a perda do controle? Se você pudesse voltar à cena e refazer tudo, o que faria diferente?

Embora esse seja um simples exercício, tem um potencial muito grande de melhorar os relacionamentos porque você visualiza novas formas de agir.

Outro exercício recomendado é você pedir ajuda de um amigo ou pessoa de confiança para dar-lhe *feedback* de diversas situações que identifica como importantes para melhorar.

Eu realmente convido você a se conhecer melhor. Esse é um dos primeiros passos para termos relacionamentos saudáveis e duradouros.

Um relacionamento a dois deve proporcionar um acréscimo de coisas boas para ambos. Funciona como uma abordagem matemática. Eu somado ao outro compomos um resultado maior do que individualmente falando. Para isso ser verdade, eu devo ser um número positivo. Se eu for um número negativo, eu vou subtrair da outra pessoa e não somar.

A seguir, desdobraremos sete áreas importantes para alcançarmos um relacionamento saudável e que produza excelentes resultados aos dois individualmente e coletivamente. Essas áreas são: comunicação, relacionamento, papéis e responsabilidade, soluções, objetivos, clima e compromisso.

1.3. AVALIAÇÃO DO ENGAJAMENTO E COMPROMISSO NO CASAMENTO

Para facilitar a compreensão das sete áreas, criamos um teste simples que vai dar um parâmetro para avaliação e aprofundamento de cada uma dessas áreas.

O teste a seguir deve ser respondido individualmente porque as percepções em um relacionamento são diferentes para os cônjuges. Seja sincero e honesto ao responder. Responda o que acontece na prática e não o que seria o ideal.

Veja, a seguir, uma prévia do teste a ser preenchido.

TESTE O SEU NÍVEL DE ENGAJAMENTO/COMPROMETIMENTO COM O SEU CASAMENTO									
ATÉ QUE PONTO VOCÊ CONCORDA COM AS AFIRMAÇÕES ABAIXO?									
Para responder, analise cada uma das afirmações, assinale a alternativa que melhor expressa seus sentimentos, fazendo um "X" na coluna correspondente à sigla que melhor representa a sua opinião. É fundamental que ao responder cada questão você retrate sua realidade; não pense no que seria a resposta ideal. Se tiver dúvida, pense numa situação em que você esteve envolvido ou num acontecimento ocorrido recentemente no seu casamento.									
DT	DISCORDO TOTALMENTE		CP	CONCORDO PARCIALMENTE					
D	DISCORDO		C	CONCORDO					
DP	DISCORDO PARCIALMENTE		CT	CONCORDO TOTALMENTE					
COMUNICAÇÃO				DT	D	DP	CP	C	CT
Eu sei o que está acontecendo em todas as áreas do meu casamento.									
Eu comunico com o cônjuge o que é importante para o nosso casamento e para o bom funcionamento de tudo nas nossas vidas.									
A minha comunicação é confiável.									
Existe troca de informações entre os dois cônjuges.									
Eu acredito em uma boa conversa.									

Escaneie o QR code acima para ter acesso ao teste completo.

Agora que você já tem uma avaliação do seu nível de engajamento em cada uma das sete áreas, vamos aprofundar o nosso entendimento em cada uma delas.

Identifique as áreas com menor pontuação. Elas sinalizam onde estão as oportunidades de melhoria.

Capítulo 2
Comunicação

Spa do casamento

A comunicação é a primeira das sete áreas importantes do casamento.

Quem já não se sentiu incompreendido alguma vez na vida? Quem já não se sentiu sendo julgado por uma frase ou palavra que falou? Quem já não foi mal interpretado ou xingado por algo que nem sabia que estava acontecendo?

Agora, quantas vezes você deixou de compreender alguém? Quantas vezes julgou alguém por uma frase ou palavra? Quantas vezes interpretou alguém ou alguma frase de forma equivocada?

Acredito que uma das piores coisas que pode nos acontecer é sermos punidos ou escorraçados por algo que fizemos ou falamos e foi interpretado totalmente diferente da nossa intenção. Quantas vezes você falou algo com uma boa intenção e as coisas aconteceram totalmente ao contrário do que queria?

E as vezes que queríamos dizer uma coisa e dissemos outra totalmente diferente? Você se recorda de quantas vezes você falou a frase "não foi isso que eu queria dizer" ou "não foi isso que eu disse, você é que entendeu errado"?

Você já parou para pensar em quantos relacionamentos foram rompidos, em quantas pessoas foram feridas e magoadas por falha na comunicação?

Podemos atribuir à falha na comunicação uma das principais causas dos problemas citados acima.

Não é possível falar de relacionamentos sem considerar a comunicação como um fator essencial na interação das pessoas.

Somos educados para aprender a falar, a ler e escrever, mas não somos educados para comunicar de forma adequada. Nem ao menos somos educados para ouvir adequadamente.

Nós falamos em média 150 palavras por minuto, ouvimos 300 e pensamos 450. Você pode observar que há uma guerra interna entre boca, ouvido e cérebro. E, quando não exercemos controle deliberado sobre isso, aumentamos os problemas da comunicação.

Em um relacionamento saudável existem discordâncias e querer que o outro concorde conosco em todo o tempo é anular a pessoa emocional e intelectualmente. Todos devem ter a liberdade para discordar de nós. A comunicação é dar à outra pessoa essa liberdade. Somente podemos ser verdadeiros se tivermos a liberdade de comunicar o que gostamos, o que honramos, o que não gostamos, etc.

Um dos conceitos básicos da comunicação é que somos responsáveis pelo entendimento do outro. Isso, a princípio, incomoda bastante, já que normalmente achamos que o outro não quer entender. Eu costumo dizer em treinamentos que, se em algum momento você utilizou a famosa frase "parece que estou falando grego porque ninguém me entende", sinto muito em afirmar, mas você está falando grego, sim, ou qualquer outra língua que o seu interlocutor não consegue entender. Dessa forma, comunicar implica facilitar o entendimento do outro encontrando a melhor forma para que ele possa entender. Mas não é só isso, vamos aprofundar o assunto mais à frente.

2.1. O QUE É COMUNICAÇÃO?

A palavra comunicação vem do latim *communicatio*, que é o "ato de repartir, de distribuir", literalmente "tornar comum", de *communis*, "público, geral, compartido por vários". É parente da palavra "comunhão", que tem tudo a ver com tornar comum.

A comunicação é fundamental para o homem e a sociedade moderna. É ela que determina a qualidade dos nossos relacionamentos, a satisfação, o sucesso ou fracasso, sendo ela o instrumento utilizado por nós para compreender uns aos outros.

Na prática, a comunicação se mostra no momento em que transmitimos qualquer tipo de informação. Ela pode ser verbal, quando é feita por palavras faladas ou escritas. Também pode ser não verbal, ao se realizar por meio de gestos, expressões corporais, olhares, entonação da voz, etc.

Um fato muito importante que devemos levar em consideração é que mesmo parados estamos comunicando alguma coisa. A omissão, ou ficar calado, também é uma forma de comunicação.

A comunicação não é uma simples troca de mensagens. Exige a construção de um relacionamento. É necessário que o emissor (a pessoa que fala) queira se comunicar. Que transmita uma mensagem, escrita, falada, ou de outro tipo, e o receptor (a pessoa que recebe a mensagem) queira receber a mensagem. Deve ser uma troca consciente e deliberada. Há a necessidade da compreensão da mensagem (e da ideia contida na mensagem) e, com essa compreensão, algo deve ser produzido no receptor.

A comunicação é tão importante a um relacionamento como o sangue é para o corpo. É por meio da comunicação que trocamos sentimentos bons ou ruins. A comunicação é o elo entre as pessoas e os relacionamentos.

Na comunicação face a face existem três elementos importantes:

• Palavra;
• Tom de voz;
• Linguagem corporal (as expressões corporais, gestos e movimentos).

O exemplo a seguir pode nos ajudar a compreender melhor a incongruência das formas de comunicação.

- **Verbal:** eu não estou estressado.
- **Não verbal:** a pessoa falou em tom ríspido e olhar fustigante.

É muito provável que quem viu essa cena acredite que a pessoa está verdadeiramente estressada porque a comunicação não verbal é mais poderosa do que as palavras ditas.

Outro elemento importante na comunicação é o "Sistema Representacional". Quando pensamos, "representamos" a informação para nós mesmos, internamente. A Programação Neurolinguística denomina nossos sentidos de Sistemas Representacionais, eles criam o nosso "olho da mente". Existem três Sistemas Representacionais básicos:

I. O sistema visual é usado para nossas imagens internas, visualização, "sonhar acordado" e imaginação;
II. O sistema auditivo é usado para ouvir música internamente, falar consigo mesmo e ouvir novamente as vozes de outras pessoas;
III. O sistema sinestésico é feito de sensação de equilíbrio, de toque e de nossas emoções.

A importância de se conhecer o Sistema Representacional é que podemos facilitar o entendimento da outra pessoa, utilizando as palavras que fazem sentido para ela. A maneira de saber qual Sistema Representacional alguém usa conscientemente é escutar e observar a sua linguagem, as frases que utiliza e perceber os adjetivos que emprega normalmente, pois costumamos ter preferências em nossos sistemas. Com uma preferência visual, você pode ter interesse em desenhar, decorar interiores, moda, artes visuais, TV e filmes. Com uma preferência auditiva, pode ter interesse em línguas, escrever, música, treinamentos e discursos. Com a preferência sinestésica, pode ter interesse em esportes, ginástica e atletismo. Em uma mesma situação o visual vê, o auditivo escuta e o sinestésico sente.

2.2. PROBLEMAS COM A COMUNICAÇÃO

Existem muitos problemas na comunicação em geral. Não pretendemos tratar de todos, mas citaremos alguns que consideramos críticos na comunicação atual.

I. FALTA DE TEMPO DE QUALIDADE
Criamos tecnologias para nos comunicar com alguém na lua ou na plataforma espacial, ao mesmo tempo em que falhamos na comunicação pessoal e nos nossos relacionamentos.

Spa do casamento

Um estudo inglês revela que passamos menos de 36 minutos de qualidade com a nossa família por dia[1]. De acordo com uma pesquisa americana realizada pela Nielsen, um americano gasta por dia[2]:

- 5 horas assistindo tv;
- 1 hora na *Internet*;
- 1 hora e 7 minutos no *smartphone*;
- 2 horas e 46 minutos ouvindo rádio.

Como podemos ver nas estatísticas, não temos tempo de qualidade para exercer uma comunicação saudável em nossos lares. Embora não tenhamos pesquisas brasileiras, acreditamos que na média não estamos tão distantes dos americanos e ingleses.

Quanto tempo você tem dedicado ao seu cônjuge e aos seus filhos por dia?

Como resolver o problema ou, pelo menos, minimizar o seu impacto no dia a dia? A seguir, sugerimos algumas ações:

- Comece com um planejamento. Estabeleça junto com o seu cônjuge um horário diário ou semanal para conversarem, mesmo que não haja um problema ou situação grave que justifique a conversa.

---

1 http://www.dailymail.co.uk/news/article2363193/No-time-family-You-Parents--children-spend-hour-day-moderndemands.html.
2 http://www.nydailynews.com/life-style/average-americanwatches-5-hours-tv--day-article-1.1711954.

Simplesmente conversem;
• Escolha um lugar livre de interrupções ou situações que concorram com a atenção de vocês. Por exemplo, não funciona conversar em local com muito movimento, som alto, etc. O ideal é ter um espaço apropriado em casa;
• Cuidado com a interferência dos celulares e aparelhos eletrônicos. Evite televisão dentro do quarto, por exemplo.

II. PROBLEMAS EM OUVIR

É incrível como temos dificuldade em ouvir com qualidade. Ouvir concorre com inúmeras situações que, se não tivermos foco, só escutaremos e não entenderemos nada.

Ouvir é difícil, mas totalmente necessário. Devemos nos esforçar para ouvir posições contrárias às nossas, devemos dar a chance para que o "outro lado" possa construir seus raciocínios e expor as justificativas às suas ideias. Somente dessa forma podemos analisar melhor nossos próprios pontos de vista e, no geral, isso é ótimo. Ouvir também aponta problemas e defeitos em nossas ideias, limitações e as formas como melhorá-las.

Artur Távola (1936- 2008) tem uma reflexão muito interessante sobre a arte de ouvir.

Spa do casamento

Um dos maiores problemas de comunicação, tanto a de massa como a interpessoal, é o de como o receptor, ou seja, o outro, ouve o que o emissor, ou seja, o falante, disse. Raras, raríssimas são as pessoas que procuram ouvir exatamente o que se está dizendo. Diante desse quadro, venho desenvolvendo uma série de observações:

1- Em geral não se ouve o que o outro fala: ouve-se o que ele não está dizendo.
2- Não se ouve o que o outro fala: ouve-se o que se quer ouvir.
3- Não se ouve o que o outro fala. Ouve-se o que já se escutara antes e o que se acostumou a ouvir.
4- Não se ouve o que o outro fala. Ouve-se o que se imagina que o outro ia falar.
5- Numa discussão, em geral, não se ouve o que o outro fala. Ouve-se quase que só o que se pensa para se dizer em seguida.
6- Não se ouve o que o outro fala. Ouve-se o que se gostaria que o outro dissesse.
7- Não se ouve o que o outro fala. Ouve-se apenas o que se está sentindo.
8- Não se ouve o que o outro fala. Ouve-se o que já se pensava a respeito daquilo que o outro está falando.
9- Não se ouve o que o outro está falando.

Retira-se da fala dele apenas as partes que tenham a ver conosco.
10 - Não se ouve o que o outro fala. Ouve-se o que confirme ou rejeite o nosso próprio pensamento, ou seja, transforma-se o que o outro está falando em objeto de concordância ou discordância.
11- Não se ouve o que o outro está falando. Ouve-se o que possa se adaptar ao impulso de amor, raiva ou ódio que já se sentia por quem se está a falar.
12 - Não se ouve o que o outro fala. Ouve-se da fala dele apenas os pontos que possam fazer sentido para as ideias e pontos de vista que no momento nos estejam influenciando ou tocando mais diretamente.

Ouvir adequadamente exige vontade, tempo e foco. Em outras palavras, eu preciso querer ouvir, reservar tempo de qualidade e dar foco à conversa.

Na prática, se não parar tudo para ouvir o outro, não ouvirá verdadeiramente.

A famosa frase "eu não estou olhando para você, mas estou ouvindo" é uma prova de que nos acostumamos a não ouvir de verdade.

Em outras situações, quando conversamos ao mesmo tempo em que lemos algo, usando o computador ou um *smartphone*, não estamos com o foco totalmente na conversa.

A compreensão é muito reduzida e, como consequência, a comunicação é deficiente.

Outro fator que prejudica muito o ouvir é o julgamento interno que ocorre quando a pessoa começa a falar e nós já tentamos antecipar ou deduzir o final e já damos uma sentença ou conclusão sem esperar, de fato, pelo final da frase ou do raciocínio. Esse julgamento impede que ouçamos profundamente o outro. É de extrema importância que aprendamos a suspender o julgamento quando queremos ouvir alguém. Veja a maravilhosa definição de suspensão do julgamento abaixo:

> A suspensão do julgamento é um processo cognitivo e um estado de espírito racional em que se retém julgamentos, particularmente na elaboração de conclusões morais ou éticas. Enquanto o prejulgamento envolve chegar a uma conclusão ou um julgamento antes de ter a informação relevante para essa decisão, a suspensão do julgamento envolve esperar por todos os fatos antes de tomar uma decisão.
> **(Instituto Brasileiro de Coaching)**

Você tem ouvido o seu cônjuge e os seus filhos profundamente?

Você tem ouvido mesmo aquilo que não o agrada, por exemplo, discordâncias e críticas em relação a si?

Como vimos que ouvir é algo a aprender e desenvolver, seguem abaixo algumas sugestões para melhorar a nossa capacidade de ouvir:

- Escolha uma posição em que você possa olhar nos olhos da outra pessoa;
- Mantenha distância dos aparelhos eletrônicos e celulares;
- Esforce-se para ouvir cada palavra, interaja confirmando e parafraseando para checar o entendimento;
- Evite julgar ou suspenda o julgamento;
- Evite completar as frases do outro, permita que o cônjuge complete a ideia;
- Mesmo discordando do que está sendo dito, ouça até o final antes de argumentar;
- Se não entendeu, pergunte.

III. DIFICULDADE EM SE EXPRESSAR

Nem sempre é fácil traduzir em palavras o que realmente queremos dizer. Muita gente não percebe que a forma como entende uma situação pode ser totalmente diferente da outra. Por mais que falemos a mesma língua, as palavras ganham significados diferentes para pessoas diferentes. Isso acontece por vários motivos. Dentre eles podemos citar:

- Vocabulário;
- Expressões idiomáticas;
- Cultura familiar e regional;

- Perfil comportamental;
- Timidez;
- Experiências e vivências individuais;
- Sistema representativo, etc.

Uma vez que entendemos as dificuldades, podemos adequar a nossa linguagem para facilitar ao outro a correta compreensão do que queremos dizer e o outro pode facilitar também a nossa compreensão.

Como você tem se expressado nas conversas com o seu cônjuge? Você tem confirmado se ele entendeu o que queria dizer? Você está entendendo corretamente o que o seu cônjuge está querendo dizer?

Se você falou uma frase e a pessoa não entendeu, não adianta repeti-la várias vezes, procure outras formas, exemplos ou sinônimos para facilitar a compreensão. É muito comum ouvir e ver mães repetindo as mesmas instruções várias vezes para as crianças. A compreensão não acontece por repetição mas, sim, por uma comunicação mais assertiva.

Veja abaixo algumas sugestões para melhorar a capacidade de expressão:

- Faça um planejamento da sua comunicação. Isto é, escolha as palavras, os argumentos e os exemplos que vai utilizar;
- Evite utilizar palavras irônicas;

- Evite palavras e expressões que você sabe que ofende a outra pessoa;
- Evite falar e repetir o óbvio;
- Pergunte se a outra pessoa está entendendo;
- Peça *feedback* da sua comunicação.

IV. FALTA DE CONTROLE EMOCIONAL

As emoções determinam a qualidade das nossas vidas. Elas acontecem e se manifestam em qualquer relacionamento que temos, no trabalho, nas amizades, com os familiares, e nas nossas relações conjugais. Elas podem salvar nossas vidas, mas igualmente causar danos graves. Podem nos conduzir a ações que julgamos realistas e apropriadas, mas as nossas emoções podem também levar-nos a agir de forma com que nos arrependamos mais tarde. Nós não temos muito controle sobre as respostas emocionais que temos em determinadas situações da vida. Quando isso acontece em uma discussão, por exemplo, podemos colocar tudo a perder porque falamos o que não deveríamos falar e, como consequência, ouvimos o que não gostaríamos de ouvir.

A maneira mais simplificada de controlar as emoções começa por se conhecer melhor. É de suma importância que a pessoa saiba as coisas ou palavras que provocam o seu descontrole e assuma a responsabilidade por exercer o controle antes de colocar tudo a perder.

Não hesite em pedir ajuda de um profissional se você não consegue se controlar e sabe que isso é um sério problema para si. Pedir ajuda é uma atitude muito nobre porque pode fazer a diferença para melhor nos seus relacionamentos.

De fato, ninguém gosta de estar ao lado de pessoas descontroladas, que se exasperam por tudo e ficam destemperadas. Normalmente, evitamos conversar e discutir com quem já sabemos que vai explodir.

Veja abaixo algumas dicas para facilitar o controle das emoções:

- Evite discutir ou conversar assuntos delicados quando você já está nervoso ou estressado. Deixe a conversa para outro momento mais tranquilo;
- Crie um código com o cônjuge para interromper uma conversa quando o outro perder o controle;
- Procure ouvir melhor, isso pode evitar desentendimentos e julgamentos desnecessários;
- Utilize sempre fatos e dados como evidências. Evite os "achismos" e inferências.

A comunicação é uma arte que pode ser aprendida e desenvolvida a vida toda. Faça um esforço adicional para melhorar a sua comunicação. Pode ter certeza de que vai valer a pena.

Para aprofundar a comunicação com a pessoa amada, sugerimos um exercício simples, porém muito profundo.

Convide seu cônjuge para um local tranquilo e confortável. Em seguida, sentem-se de frente um para o outro, na mesma altura, de modo que você possa olhar nos olhos da outra pessoa. Inicialmente, olhem dentro dos olhos do outro por cinco minutos sem dizer nenhuma palavra. No início vai dar vontade de rir ou de desviar o olhar, controlem-se. Depois que passar a vontade de rir, comecem a falar somente com os olhos. Diga palavras de carinho ou de amor apenas com os olhos. Isso é mágico! Vocês vão adorar o resultado! Aproveite a sintonia para falar dos assuntos que precisam ser resolvidos. Procure esclarecimentos e falem abertamente.

Façam isso periodicamente. Vai ser um energético para a comunicação de vocês.

Capítulo 3
Relacionamento

De acordo com o teste de engajamento que foi abordado no primeiro capítulo, relacionamento é o segundo fundamento para um casamento bem-sucedido. Dentro desse fundamento trataremos os seguintes temas:

- Entender o outro;
- Pedir perdão;
- Perdoar;
- Influenciar.

Antes de prosseguir, vamos equalizar o conceito do que é relacionamento no casamento. É a relação entre pessoas que se unem uma à outra, com propósito de vida mútua em comum, distinta da ordinária vida social ou da relação social a que se subordinam. As pessoas assim unidas chamam-se, por isso, cônjuges (latim conjuge = con, "um com o outro" + juge,re, "ligação ou união").

Sendo assim, o relacionamento é junção de duas pessoas que vêm de mundos diferentes com o propósito de viverem em comum. Fácil? Talvez não, mas possível desde que estejam dispostos a permitirem que cada um conheça o outro e deixe ser conhecido pelo outro.

3.1. ENTENDER O OUTRO

Você conhece bem o seu cônjuge? Já descobriu sua história, sua forma de entender a vida, seus princípios, seus valores, seus sonhos e suas frustrações? Você sabe como o seu cônjuge pensa, suas opiniões e conceitos?

Para conhecer bem uma pessoa é preciso conversas longas, observações, convivência, contatos com amigos e familiares dessa pessoa. É preciso empatia.

Dessa forma, conhecer quem está ao nosso lado implica em deixar o que queremos em segundo plano e se permitir conhecer essa pessoa. Significa conviver com ela em sua totalidade e com toda a sua cultura. Implica também permitir ser conhecido e avaliado da mesma maneira.

Todas as pessoas têm a necessidade de serem honradas e respeitadas. É importante honrar e respeitar a história delas, pois não caíram de paraquedas em um tempo chamado presente. Elas, na verdade, são o resultado de todas as experiências que trouxeram ao longo da vida, tanto as boas quanto as ruins e tudo isso, que se soma e que se junta, é o que faz serem quem são agora. Se você tirá-las das próprias histórias, tanto as boas quanto as ruins, perderão as suas essências e deixarão de ser elas mesmas.

Às vezes, deixamos de honrar e respeitar a história da pessoa que vive ao nosso lado e o conhecimento a respeito dela fica superficial. Que tal investir um tempo para conhecer melhor o seu cônjuge?

Conviver com alguém implica em partilhar a vida, momentos especiais, felizes, difíceis e dolorosos. Nessa convivência, criamos expectativas de como o outro entenderá e reagirá diante da vida. Vale lembrar que aquilo que tem um grande significado para uma pessoa pode ser completamente banal para a outra. E vice-versa. Mas isso é motivo para inúmeras discussões.

Será que, ao se envolver em um relacionamento, você busca entender o outro ou fica junto com base em desejos e projeções que o outro desconhece completamente?

Conhecer o outro profundamente permitirá entendê-lo melhor e se aproximar cada vez mais, pois facilitará as adaptações e reduzirá a necessidade de promover mudanças no outro. E, claro, aprofundará a intimidade.

Vamos fazer uma reflexão:

• Você se revela profundamente ao seu cônjuge?
• Você sabe quais foram os momentos mágicos na vida do seu cônjuge?

- Você sabe quais foram os momentos trágicos na vida do seu cônjuge?
- Você se interessa em conhecer profundamente o seu cônjuge? Note que aqui não estamos falando de investigação da vida da pessoa mas, sim, de conhecê-la na essência.

Procure conhecer o seu cônjuge integralmente e percebê-lo como uma pessoa com sentimentos, forças e fraquezas semelhantes a você mesmo. Demonstre interesse por sua história de vida e tudo o que diz respeito a ele.

3.2. PEDIR PERDÃO E PERDOAR

Antes de falar sobre perdão, vamos falar sobre amor. Não vamos abordar sentimentos, mas, sim, atitudes.

"Amor é o ato voluntário de bem querer, de desejar o bem e de se esforçar para fazer o bem à outra pessoa. Mais do que um sentimento, é uma atitude deliberada que pode ser renovada todos os dias." (Elismar Alves)

Devemos tomar cuidado com a romantização do amor. Amor é ação, é decisão. O amor é tão forte que não podemos traduzir como um sentimento que pode ocorrer pelo acaso. Sentimentos podem ser resultado e consequência de circunstâncias, amor é escolha.

O amor só é válido se for representado por ações. Dizer "eu te amo" é bonito, mas não tem valor se não for acompanhado por ações práticas que demonstrem realmente esse amor.

Spa do casamento

Como estão as suas demonstrações de amor? São baseadas em ações práticas ou somente em palavras?

No casamento, todos os dias você ama. Todos os dias você perdoa. Todos os dias você precisa do perdão. Isso é a base de um relacionamento saudável: amor e perdão.

Nem sempre é fácil se relacionar bem. Um bom convívio não é aquele que une as pessoas perfeitas, mas aquele em que cada um aprende a conviver respeitando o outro. A convivência entre as pessoas sempre foi muito discutida. Assim como, há muitos séculos, o filósofo alemão Arthur Schopenhauer (1788-1860) escreveu a *Fábula do porco-espinho*, que pode ser aplicada à convivência social ou de casais:

> Durante uma era glacial, quando o globo terrestre esteve coberto por grossas camadas de gelo, muitos animais não resistiram ao frio intenso e morreram, por não se adaptarem ao clima gelado. Foi então que uma grande manada de porcos-espinhos, numa tentativa de se proteger e sobreviver, começou a se unir, a juntar-se um pertinho do outro. Assim, um podia aquecer o que estivesse mais próximo. E todos juntos, bem unidos, aqueciam-se, enfrentando por mais tempo aquele inverno rigoroso. Porém, os espinhos de cada um começaram a ferir os companheiros mais próximos,

justamente aqueles que lhes forneciam mais calor, calor vital, questão de vida ou morte. Na dor das "espinhadas", afastaram-se, feridos, magoados, sofridos. Dispersaram-se por não suportar os espinhos dos seus semelhantes. Doíam muito. Mas essa não foi a melhor solução: afastados, separados, logo começaram a morrer congelados. Os que não morreram, voltaram a se aproximar, pouco a pouco, com jeito, com precaução, de tal forma que, unidos, cada qual conservava uma certa distância do outro, mínima, mas suficiente para conviver sem ferir, para sobreviver sem magoar, sem causar danos recíprocos. Assim, aprendendo a amar, resistiram ao gelo e sobreviveram.

Assim como eu tenho os meus costumes, jeito e manias a outra pessoa também os tem. Eu não sou perfeito, você não é perfeito e o seu cônjuge não é perfeito.

A ideia de perfeição cria uma ilusão terrível para as pessoas. Elas se casam na expectativa de que o outro seja o modelo idealizado e que as façam felizes. Quando isso não acontece, separam como se o outro fosse descartável. Já aprendemos o caminho da comunicação no capítulo anterior, vamos exercitar. No entanto, sem o perdão não fecharemos as possíveis feridas que poderão ser abertas no relacionamento.

Mas o que é o perdão? Segundo o Instituto Brasileiro de *Coaching*:

> O perdão é um processo mental, espiritual e prático de cessar o sentimento de raiva e mágoa contra a outra pessoa ou contra si mesmo, decorrente de uma ofensa percebida, diferenças, erros ou fracassos. É deixar de exigir castigo, restituição ou vingança. É permitir ao outro caminhar ao seu lado novamente.

O perdão é tão importante que todas as religiões o ensinam e terapeutas referem-se ao perdão como uma terapia que auxilia no processo de cura de várias doenças de origem psicossomáticas.

Quando perdoamos verdadeiramente, não ficamos relembrando e nem "jogando" na cara da outra pessoa os erros cometidos no passado. Quando perdoamos verdadeiramente, não impomos condições humilhantes ao outro e não nos sentimos feridos.

O verdadeiro perdão não consiste em querer mudar o passado e/ou imaginar que deveria ter sido diferente, não dá para voltar atrás, não existe máquina do tempo. Se não é possível retroceder e mudar o que aconteceu, precisamos ficar bem daqui para a frente. Não vale a pena trazer à tona aquilo que já ficou no passado. Perdoe verdadeiramente!

Faça isso todos os dias. Peça perdão quando errar e perdoe todos os dias!

3.3. INFLUENCIAR

Quando tratamos de relacionamentos não podemos ignorar que a influência é um elemento importante na relação. A influência é um "poder" que afeta uma pessoa, coisa ou o curso dos acontecimentos, especialmente quando funciona sem esforço aparente. Quando influenciamos uma pessoa, não é preciso esforço, exigências, não é preciso mandar, tudo acontece de forma natural. Isso é influência. No relacionamento, é importante que um influencie o outro sem precisar de pressão e de exigências.

Para que a influência aconteça, esteja próximo à outra pessoa. Quando estamos próximos, podemos interagir melhor e mais profundamente. Ao interagirmos melhor, nos tornamos mais relevantes para o outro. Como consequência, quando nos tornamos mais relevantes, podemos influenciar melhor. Por que nossos pais exercem mais influência em nós do que pessoas desconhecidas? Porque são relevantes e importantes para nós.

Diferentemente da persuasão, a influência acontece de forma suave e tranquila.

Procure estar próximo da pessoa amada. Esforce-se para interagir e envolver-se no que é importante para o seu cônjuge. Torne-se relevante para o seu cônjuge por meio do suprimento de amor e carinho. Assim sendo, você influenciará a pessoa amada de forma saudável.

O que você vai fazer de diferente para aprimorar o seu relacionamento? O que você vai fazer de diferente para amar e perdoar mais?

Capítulo 4

Papéis e responsabilidades

Spa do casamento

Nem sempre os papéis e responsabilidades no casamento estão claros. Para a maioria das pessoas, os papéis são subentendidos de acordo com a cultura do local onde se mora, com os exemplos das famílias de ambos os cônjuges, etc. Poucas são as pessoas que dedicam um tempo para refletir e definir os papéis e responsabilidades em um relacionamento. O que acontece na prática é que algumas áreas do relacionamento ficam esquecidas e são negligenciadas. Em outras vezes, um dos cônjuges se sente sobrecarregado por não receber colaboração do parceiro. Outro fator importante é que muitas vezes partimos do princípio de que o outro sabe o seu papel ou deveria saber.

Vamos abordar três assuntos relevantes neste capítulo:

- Responsabilizar-se;
- Iniciativa;
- Entrega.

4.1. RESPONSABILIZAR-SE

Você está ciente de quais são os seus papéis e responsabilidades no seu relacionamento? Não, eu não estou falando das famosas responsabilidades de homem e de mulher que são propagadas pela sociedade. Não são necessariamente as coisas de homem ou de mulher que são passadas pelos mais antigos. Vamos um pouco além.

Talvez possamos utilizar o conceito de descrição de cargo, muito utilizado dentro de organizações, para entendermos melhor do que estamos falando. Dentro de um relacionamento, principalmente depois da consolidação do casamento, quando os dois passam a habitar o mesmo local, surge uma série de coisas que não era comum aos dois antes de morarem juntos. Organização da casa, pagamento de contas, documentos, planejamento financeiro e filhos são algumas que não eram frequentes antes do casamento, mas que agora fazem parte do dia a dia de um casal.

Na maioria das vezes, assume quem tem mais afinidade com a atividade, mas é muito comum encontrar cônjuges sobrecarregados, cansados e, às vezes, deprimidos pelo excesso de trabalho. Infelizmente, para as mulheres isso é ainda mais grave.

Quando um não assume a sua parte, acaba por sobrecarregar o outro e provoca um desequilíbrio. Com o passar do tempo, isso provoca tristezas e frustrações.

Como está a colaboração de um para com o outro no casamento? Quais atividades e responsabilidades podem ser compartilhadas no casamento?

Torna-se muito importante, então, que cada um saiba exatamente quais são as suas responsabilidades individuais dentro do relacionamento. Não estamos defendendo a divisão territorial, mas o direcionamento da responsabilidade para que não haja negligências nem omissões. É um completando o outro o tempo todo.

Há uma ilustração muito interessante que mostra bem essa relação. No jogo de tênis de mesa, um atleta faz de tudo para o outro não pegar a bolinha. Já no jogo de frescobol, os atletas fazem de tudo para o outro acertar a bolinha, isto é, um joga a favor do outro. Qual jogo você escolhe "jogar" no seu relacionamento, tênis de mesa ou frescobol?

Para facilitar a responsabilização, vamos considerar dois conjuntos de atividades: as individuais e as compartilhadas. Veja abaixo:

Compartilhadas:
- Residência;
- Filhos;
- Saúde;
- Finanças;

- Relacionamento;
- Espiritualidade, etc.

Individuais:
- Profissão;
- Dietas;
- *Hobby*;
- Estudos;
- Parentes, etc.

Nas atividades compartilhadas, os dois deverão dividir exatamente quem faz o quê. Se for preciso, escreva para não haver esquecimentos futuros.

Nas atividades individuais, um pode ajudar o outro na medida do necessário.

Lembre-se sempre, no relacionamento ajudar não é favor, é colaborar. Colaborar significa trabalhar junto. Não é uma competição e não há vencedor individual.

Reserve um tempo específico com o seu cônjuge para listar e definir as responsabilidades de cada atividade no relacionamento de vocês.

4.2. INICIATIVA

Este é um assunto muito delicado nos relacionamentos. Em nossa trajetória, já encontramos inúmeras pessoas que reclamam da passividade do cônjuge. Existem pessoas que não tomam iniciativa. Ficam esperando que o outro escolha e tome suas decisões. Essa passividade vai minando e enfraquecendo o relacionamento até que uma das partes não aguente mais.

Em primeiro lugar, se você está vivendo uma situação como a descrita, utilize as habilidades aprendidas no capítulo Comunicação para conversar abertamente com o seu cônjuge e resolver isso definitivamente. Em alguns casos, talvez seja necessário buscar ajuda externa para a mudança de comportamento. Um processo de *coaching* pode ajudar.

A melhor opção é trabalhar na prevenção. Faça uma pequena análise introspectiva para verificar se você está sendo uma pessoa sem iniciativa e quais os efeitos que isso tem causado no seu cônjuge. Se for preciso, procure a ajuda de um profissional para desenvolver as habilidades necessárias. Converse abertamente com o seu cônjuge para resolver quaisquer problemas na área.

4.3. ENTREGA

Casamento poderia ser descrito como uma doação. Ou estamos envolvidos em 100% do tempo ou comprometemos a nossa relação. O casamento não é uma relação trabalhista onde um vende mão de obra e o outro paga por essa mão de obra. Não é uma relação comercial ou uma relação de venda. Não é uma relação de dívida moral ou social onde um faz algo para o outro porque deve um favor ou obrigação. É uma doação...

Um disposto a se entregar pela felicidade do outro. Disposto a fazer tudo pelo outro. E se houver a verdadeira reciprocidade, os dois estarão satisfeitos.

Qual o seu nível de entrega no relacionamento? Você é daqueles que defendem metade para cada um? Faça uma avaliação do seu nível de entrega.

Lembre-se, a entrega está sempre no presente, nunca no passado ou no futuro.

O que você vai fazer de diferente para executar melhor seus papéis e responsabilidades?

Capítulo 5
Soluções

Spa do casamento

Não existe vida perfeita. Não existe pessoa perfeita. Não existe relacionamento perfeito. Não existe estabilidade eterna. A vida é marcada por altos e baixos, momentos de calmaria e momentos de tempestades. Tudo isso pode parecer clichê, mas precisamos de uma boa dose de realidade para não idealizar um conto de fadas ou fantasia para as nossas vidas.

Problemas acontecem pelas mais variadas causas possíveis. E todos estão suscetíveis aos problemas.

No entanto, as pessoas consideradas bem-sucedidas não são aquelas que não têm problemas, são aqueles que resolvem bem os seus problemas.

Você já parou para pensar que muitas pessoas não sabem resolver problemas? Preferem reclamar, lamentar e jogar a culpa nos outros em vez de assumir a responsabilidade e procurar uma solução. Talvez, até por uma questão cultural, não fomos ensinados a resolver problemas. É muito comum cada uma dessas pessoas tentar abordagens paliativas, se omitir, esconder debaixo do tapete, fazer "gambiarra", tratar somente o sintoma ou simplesmente não tomar iniciativa alguma, aprende a conviver e suportar o problema.

Um problema não resolvido adequadamente aparecerá outra vez na hora mais imprópria possível.

Eu não tenho problema com o problema de hoje. Eu tenho problema com o problema de ontem, porque é sinal de que não foi resolvido. Se o problema voltou foi porque não demos a tratativa correta. Não o resolvemos na causa raiz. Lembre-se, se a ação que você fez para resolver não resolveu, não adianta repetir, é preciso fazer algo diferente. Einstein já dizia: "Insanidade é querer obter resultados diferentes fazendo as mesmas coisas de sempre!". E muitas vezes fazemos isso, queremos resolver os problemas fazendo as mesmas coisas de sempre, não procuramos soluções "fora da caixa", não buscamos outras possíveis soluções.

As indústrias japonesas têm uma cultura de solução de problemas interessante. Primeiro, problema tem que ser chamado de problema. Nada de eufemismo, é preciso encarar a realidade. Segundo, entenda a causa, o porquê disso estar acontecendo. Depois, tome atitudes que resolvam definitivamente o problema. Assim que for solucionado, pense em ações que visam a prevenção e que impeçam esse tipo de problema surja novamente.

5.1. FOCO NA SOLUÇÃO

Chegamos a uma conclusão – é preciso colocar foco na solução. Quando a pessoa põe foco somente no problema, ela se desespera, procura o culpado e não resolve. Quando coloca foco na solução, ela estanca o problema e procura a causa para resolver definitivamente.

Lembre-se, nem sempre as pessoas enxergam as coisas sob a mesma perspectiva. O que pode ser problema para um, pode não ser para o outro. Na busca por soluções, procure olhar os problemas sob o ponto de vista do seu cônjuge. Evite julgar antes de conhecer profundamente o que outro pensa e quais são as suas razões. Lembre-se de que no capítulo Comunicação você aprendeu a suspender o julgamento para permitir uma análise mais isenta da situação.

Os conflitos nos relacionamentos são gerados, na maioria das vezes, justamente pela divergência de opiniões e pontos de vista. Conflitos, na verdade, podem ser grandes oportunidades de desenvolvimento e descobertas. As grandes invenções só aconteceram porque existiu alguém que quis resolver um conflito. Thomas Edison deve ter tido um conflito com as lamparinas para poder inventar a lâmpada. Henry Ford deve ter tido um conflito com as carruagens e os cavalos para inventar o carro. Então, um conflito pode gerar algo muito bom se tratarmos da forma correta.

Você tem um método para resolver problemas? Método é uma estrutura científica para resolver um problema. Muitas vezes, tentar resolver um problema sem um método não dá certo. Mesmo se a pessoa tiver muita iniciativa pode acabar frustrada por não conseguir resolver definitivamente. Vamos apresentar um método inspirado no famoso modelo GROW de John Withmore (Withmore, J. *Coach* para *performance*) para facilitar a solução de problemas:

1. Defina o objetivo - o que você quer alcançar. Se eu não definir aonde quero ir, qualquer caminho estará errado;

2. Levante a situação atual - o que está realmente acontecendo e quais são os impactos. É possível medir o que está acontecendo? Esta é a fase do diagnóstico. É a fase dos exames. Imagine, se um médico precisa de exames para diagnosticar uma doença, você precisará diagnosticar a situação atual para pensar em soluções;

3. Possíveis soluções - quais são as opções de soluções. Procure ter mais de uma para avaliar qual é a melhor;

4. Defina o que você vai fazer efetivamente - deixe bem claro o que será feito. Qual é a alternativa mais propícia para solucionar o problema;

5. Faça um plano de ação - defina o passo a passo do seu plano:

- **O quê** – ação clara;
- **Quem** – qual é a pessoa que vai executar;
- **Quando** – determine uma data;
- **Onde** – onde será executada a ação;
- **Como** – como será executada a ação (método, ferramenta, etc.);
- **Quanto** – se vai custar algo, precisa estar previsto.

6. Avaliação e consolidação - depois que tudo foi feito, avalie se foi tudo resolvido, feche o ciclo e comemore com o cônjuge. Se não foi resolvido, reinicie o método.

Para facilitar a aplicação do método, elaboramos uma tabela na página seguinte que você pode utilizar a fim de direcionar a aplicação do método:

Ferramenta de Resultados - Modelo GROW

Responsável:
Data:

1- Goal → O que se está buscando? Objetivos

2- Reality → Contexto, análise crítica e causas (situação atual)

3- Options → Quais são as alternativas?

4- Will → O que será feito? Descrição geral

5- Plano de ação (detalhado)
- O quê
- Quem
- Quando
- Onde
- Como
- Custo?

6- Avaliação e consolidação (avalie e comemore a solução)

5.2. CRIATIVIDADE

Evite uma visão fechada e obstruída na hora de resolver os problemas. Muitas pessoas se fecham em suas opiniões e as defendem independentemente se estão certas ou erradas. É extremamente importante utilizar a criatividade na solução de problemas. O que deu certo ontem pode não funcionar hoje.

Procure olhar os problemas do "lado de fora". Imagine que você está dentro de uma floresta e, ao tentar descobri-la, pega um caminho muito difícil, porém se você subir em uma grande árvore, pode facilitar porque estará olhando para a mesma floresta de outro ponto de vista. Muitos problemas se tornam menores e mais simples quando vistos de outra perspectiva.

Algumas considerações importantes:

• **No casamento não há um perdedor e um ganhador. Ou os dois ganham ou os dois perdem.** Por mais que pareça clichê, pense na relação ganha-ganha. Não existe satisfação completa em um relacionamento quando um dos lados sai perdendo. O casamento não é uma competição;

• **Ao surgir um problema ou conflito, junte forças com o seu cônjuge.** Evitem ficar um contra o outro. Permita que os problemas unam cada vez mais você e seu cônjuge, não o contrário;

- **Cuidado com o excesso de iniciativa, valorize a "acabativa" também.** É muito comum termos muitas ideias maravilhosas que nunca saem do papel. Escolha uma e faça acontecer, execute até o fim;
- **Procure resolver os problemas, não as pessoas.** Talvez, por uma questão cultural, levamos sempre os problemas para o lado pessoal e permitimos nos envolver por emoções diversas. Nas discussões, é muito comum as pessoas se agredirem verbalmente e tudo fica mais difícil. Procure separar a pessoa das atitudes. Se for criticar, critique a atitude e não a pessoa.
- **Evite que a necessidade de estar certo impeça você de resolver o problema.** Às vezes, a conciliação é melhor do que estar certo. Uma pessoa madura não tem necessidade de estar certa, ela tem convicção das suas posições e pode ceder pelo bem do relacionamento;
- **Procure ajuda especializada se for necessário.** Evite a interferência de parentes. Não tenha receio de solicitar ajuda, às vezes é necessária. No entanto, selecione bem a ajuda, ela deve ser neutra. Parentes, normalmente, são tendenciosos;
- **Procure analisar o problema isento de emoções.** Exerça o controle sobre suas emoções para analisar o problema e suas causas. Reflita antes de falar.

Para ajudar a pensar com mais clareza, vamos entender o Princípio 90/10. Um dos maiores mestres de liderança e produtividade, o norte-americano Stephen Covey, autor do livro *Os 7 hábitos das pessoas altamente eficazes*, fala sobre o Princípio 90/10. O que significa isso? Ele afirma que 10% da vida estão relacionados com o que se passa com você, os outros 90% da vida estão relacionados à forma como você reage ao que lhe acontece. Não podemos evitar que o carro quebre, que o avião atrase, que o semáforo fique vermelho, mas você é quem determinará os outros 90%, isto é, a sua reação em relação ao que aconteceu.

Por exemplo; você está tomando o café da manhã com a sua família. A sua filha, ao pegar a xícara, deixa o café cair na sua camisa branca de trabalho.

Você não tem controle sobre isso.

O que acontecerá em seguida será determinado pela sua reação.

Então, você se irrita. Grita e a repreende por ter feito isso.

Assustada, sua filha começa a chorar. Em seguida, você critica a sua esposa por ter colocado a xícara muito na beirada da mesa, e começa uma discussão.

Nervoso, você vê que não há alternativa a não ser trocar a camisa e, quando retorna, sua filha ainda está chorando e, com isso, ela acaba perdendo o ônibus escolar. Sua esposa vai para o trabalho também contrariada.

Como consequência, precisa levar a sua filha de carro à escola. Você olha no relógio e descobre que está atrasado. Assim, mete o pé no acelerador e a alta velocidade e imprudência contribuem para que seja parado por um guarda de trânsito que o multa, sem dó nem piedade.

Vocês chegam à escola com 15 minutos de atraso, e sua filha entra, sem ao menos se despedir.

Ao chegar atrasado ao escritório, você percebe que esqueceu a sua maleta.

O seu dia começou mal e parece que ficará pior. Você fica ansioso para o dia acabar e quando chega a sua casa, a esposa e a filha estão de caras fechadas, em silêncio e frias com você.

Por quê?

Simplesmente porque você não teve controle sobre o que aconteceu no café da manhã. O modo como você reagiu naqueles cinco minutos foi o que estragou o seu dia.

Outra nova maneira de ver as coisas que acontecem.

O que poderia ter sido feito? O café cai na sua camisa, a sua filha começa a chorar e, então, você lhe diz, gentilmente: "Está bem, querida, você só precisa ter mais cuidado".

Depois de vestir outra camisa, você volta, olha pela janela e vê a sua filha saindo no ônibus escolar.

Dá um sorriso e ela retribui dando-lhe um adeus com a mão. Consegue perceber a diferença? Duas situações iguais, que terminam muito diferentes.

Por quê? Porque os outros 90% são determinados por sua reação.

Esse é um pequeno exemplo de como aplicar o Princípio 90/10 sugerido por Stephen Covey.

Se alguém diz algo negativo sobre você, não leve a sério, não deixe que os comentários negativos o perturbem, reaja apropriadamente e o seu dia não ficará arruinado.

Como reagir a alguém que o atrapalha no trânsito enquanto você está indo ao trabalho? Você fica transtornado? Golpeia o volante? Diz palavrões? Sua pressão sobe? Vai ficar preocupado, angustiado, perder o sono e adoecer?

Isso não vai resolver!

Mude o seu foco e se, ao invés de estar preso no trânsito, você estivesse "enlatado" no trem ou ônibus parado ao lado do carro de alguém?

Seu voo está atrasado, vai atrapalhar a sua programação do dia. Por que manifestar frustração com o funcionário do aeroporto? Ele não pode fazer nada.

Use o seu tempo para estudar, conhecer os outros passageiros. Estressar-se só piora a situação.

Agora que você já conhece o Princípio 90/10, utilize-o no seu relacionamento. Escolha a forma como você vai reagir aos diversos problemas que surgem no casamento.

5.3. SUPERAÇÃO

Alguns problemas são mais difíceis e dependem de uma abordagem mais profunda. É preciso uma boa dose de superação para resolver. Se desmembrarmos a palavra superação, veremos que se trata de uma ação além do normal. A palavra superação vem do latim "superlativo", ato de se elevar, de passar por cima. Quando eu falo sobre superação, eu quero dizer algo grande, acima da média.

Nós fomos programados para sermos seres de hábitos. O nosso cérebro é dotado de uma capacidade especial para automatizar todas as tarefas para que tenhamos liberdade de pensar em outras coisas. Um bom exemplo é o ato de dirigir. Quando começamos a aprender são tantas coisas para cuidar e ver ao mesmo tempo que imaginamos que não vamos dar conta. No entanto, com a prática, tudo se torna automatizado e fica muito mais fácil.

Tudo isso é maravilhoso, só que também acontece com os nossos comportamentos. A maioria deles está no piloto automático, fazemos sem pensar. Em outras palavras, hábitos e vícios têm o mesmo processo neurológico. Para entendermos melhor, imaginemos que os processos neurológicos são como trilhos de uma linha de trem. A máquina sempre seguirá o mesmo caminho. A nossa proposta é que você defina novas formas de agir para superar as situações difíceis que surgem no relacionamento.

Existe uma metáfora interessante que ilustra a forma como fazemos as coisas sem analisar por que fazemos: O caminho do Bezerro.

Spa do casamento

Conta-se que um bezerro se perdeu da sua manada e se embrenhou numa floresta. Andou durante vários dias, sem conseguir encontrar uma forma de retornar ao seu grupo.

Começou a se acostumar a sua vidinha tranquila da floresta, mas continuava com muita vontade de voltar para casa. Iniciou uma trilha, em círculos, muitos círculos, subindo e descendo montanhas, derrubando pequenas árvores e abrindo veredas, até que, depois de muito rodar, percebeu-se à margem da floresta e, feliz, avistou o seu rebanho.

Outros animais acharam o caminho do bezerro e passaram a utilizá-lo. Manadas inteiras e outros bandos de animais acharam prático o caminho que o bezerro abriu e, também, começaram a usufruir dele. Viajantes, com as suas carroças, descobriram que não precisariam mais derrubar árvores para atravessar a floresta: bastaria seguir o caminho do bezerro. Os tempos mudaram, vieram os primeiros automóveis... O caminho do bezerro se transformou numa estreita estrada margeada pela floresta. Os desbravadores e exploradores resolveram se firmar no trecho da floresta onde era cortado pelo antigo caminho do bezerro que, agora, já era uma rodovia asfaltada, palco de um comércio bem diversificado.

Ao longo dessa rodovia, nos trechos mais íngremes, que outrora fora o caminho do bezerro, pessoas resolveram fazer pontes, viadutos, pistas duplas... Que continuavam bastante sinuosas; conforme o antigo caminho do bezerro.

Os anos, as gerações passaram... O caminho do bezerro fez chegar o progresso naquela região, que ainda abrigava parte daquela antiga floresta. As pessoas nunca questionaram porque aquele caminho era tão sinuoso e longo.

Preste atenção aos seus hábitos e você verá uma repetição de tudo. Agora, analise as suas reações emocionais. Você verá que elas se repetem também. Isso porque estão no piloto automático. Assuma o controle e escolha novas formas para agir. Evite seguir o "caminho do bezerro".

Não é por acaso que ultimamente se dá mais importância à inteligência emocional do que aos outros tipos de inteligência.

5.4. PERCEPÇÃO

Vale a pena reforçar que a percepção das pessoas é diferente mesmo olhando ou analisando a mesma situação. A realidade das coisas é aquela que concebemos de acordo com a nossa cultura, conhecimentos, vivências, etc. É por meio da percepção que nós atribuímos significados às coisas que vemos. E cada pessoa atribui o seu significado pessoal.

A realidade da vida é que as suas percepções, estando certas ou erradas, influenciam tudo o que você faz.

É claro que no casamento sempre haverá duas percepções a respeito de uma mesma situação. A grandeza está em permitir se ver sob o ponto de vista do outro.

Verifique se você não está fechado a outro ponto de vista. Às vezes, firmamos posições e demarcamos territórios e, por causa do orgulho, não cedemos. De fato, nem sempre estamos certos. A verdade pode estar com o outro ou com a junção das duas percepções.

Experimente analisar os problemas com outros pontos de vista, diferentes, para pensar em soluções totalmente distintas.

Existe uma história bíblica que chama atenção pela simplicidade com que o problema foi resolvido. Trata-se de Davi e Golias. A história indica que Davi era bem jovem e sem experiência em guerras e que Golias era um gigante muito experiente. Todos estavam amedrontados porque queriam resolver o problema (eliminar Golias) da forma tradicional e enfrentar o gigante, homem a homem em luta corporal.

Davi teve uma ideia – acertar o gigante de longe. Utilizou um instrumento de brincadeiras (uma funda) para acertar a testa do gigante com uma pedra. Dessa forma, o derrotou.

Por que Davi pensou de forma diferente? Provavelmente porque não estava dentro da situação dos demais soldados. Segundo a história, ele foi à guerra para levar alimentos aos seus irmãos soldados que já estavam acampados há muito tempo no campo de batalha.

Experimente "sair da situação" para ver de outra forma e pensar em soluções diferentes das comuns e tradicionais.

Como anda a sua capacidade de solucionar os problemas?

Você está convivendo com problemas que já criaram raízes e são como animais de estimação?

O que você vai fazer de diferente para solucionar definitivamente os problemas no seu relacionamento ou na sua vida?

Eu o convido a utilizar o formulário "Ferramenta de resultados" e estruturar a solução de um problema.

Capítulo 6

Objetivos e planejamentos

Spa do casamento

nfelizmente, o processo educacional brasileiro não contempla a educação financeira. Em muitos países de primeiro mundo, uma criança de dez anos aprende na escola sobre investimentos, futuro e bolsa de valores. Enquanto que, no Brasil, uma pessoa só terá contato com essas informações no nível universitário e se tiver...

Em muitas situações, as profissões são mais consequências do que escolhas. Não foram planejadas, mas foram acontecendo.

Como consequência da ausência de conhecimento, não se tem o hábito de fazer planejamento para quase nada. As coisas vão acontecendo, os problemas vão surgindo e são tratados de forma inconsequente.

No casamento, as coisas não são diferentes. Segundo um estudo conduzido pelo Instituto de Pesquisa Social da Universidade de Michigan, nos Estados Unidos, o dinheiro é o principal motivo de discórdia entre casais.

Esse dado foi constatado após os pesquisadores acompanharem 373 casais ao longo de 25 anos. Nesse meio tempo, 46% deles se divorciaram. Entre os divorciados, 49% disseram que brigavam muito com o ex-parceiro por causa de dinheiro e previam enfrentar problemas financeiros também com companheiros futuros.

Dinheiro e casamento estão intimamente ligados desde sua origem. "O casamento como instituição cível e social surgiu na Idade Média, em meados do ano 1000, como uma forma de preservar propriedades", afirma a psicóloga Cleide M. Bartholi Guimarães, especialista em terapia de casal com foco em finanças e autora do livro *Até que o dinheiro nos separe* (Editora Saraiva, 2010). "Entre os séculos XVIII e XIX, porém, floresceu a ideia do amor romântico, o que tornou tabu misturar amor e dinheiro", diz. Os reflexos dessa visão romântica sobre o casamento influenciam o comportamento dos casais até hoje, segundo Cleide. "Percebo que alguns têm mais disponibilidade para falar de valores, mas a maioria não gosta de tocar nesse assunto". O resultado dessa falta de vontade ou tato para abordar o tema acaba tornando as finanças um ponto de conflito.

Se falar de dinheiro já é difícil para a maioria dos casais, imagine as outras situações do relacionamento que precisam ser planejadas.

Antes do casamento, pensávamos individualmente. Agora, não mais. Tudo deve ser pensado a dois. Algumas individualizações serão preservadas, mas finanças, futuro, filhos, bens em geral devem ser pensados e planejados a dois.

Spa do casamento

Ao se unir, o casal traz consigo todas as virtudes e problemas relacionados ao dinheiro e planejamento. Isso pode causar inúmeros conflitos. Como resolver? A resposta é fazer um bom planejamento.

Existe um pensamento japonês que diz: "Se eu tiver dez minutos para fazer uma atividade, eu vou investir oito planejando e dois executando". Infelizmente, a maioria passa oito fazendo e dois tentando consertar os erros.

Vamos mudar essa realidade? Vamos encarar o planejamento como uma ferramenta para criar o futuro?

Mas, antes de iniciar o planejamento, temos três perguntas:

- Você tem uma missão de vida?
- Você tem uma visão de futuro?
- Você tem claros quais são os seus valores pessoais por escrito?

A missão está ligada ao seu propósito, para que você está aqui na Terra?

A visão é aonde você quer chegar. Onde e como desejar estar daqui a dois anos? Onde e como deseja estar daqui a cinco anos? Onde e como você deseja estar daqui a dez anos?

Pense na visão de curto, médio e longo prazos.

Os valores são os princípios morais e éticos que pautam os seus comportamentos e procedimentos.

Invista alguns minutos refletindo e escrevendo sua missão, visão e valores.

É fato que, se não sabemos para onde ir, não faz sentido caminhar. É como se já tivéssemos chegado.

Quando você estabelece uma missão e visão, as coisas começam a se encaixar naquilo que você colocou como norte. Começam a fazer sentido. Fica mais fácil escolher o que fazer e o que não fazer porque se não estiver ligado à missão e visão pode ser descartado.

No relacionamento, isso deve ser pensado a dois. É superimportante associar o planejamento a tudo o que vão fazer na vida, incluindo objetivos comuns e metas.

Na hora de discutir o planejamento, o relacionamento deve estar muito bem. Questões de comunicação, como saber ouvir e expressar bem sua intenção, devem estar totalmente resolvidas para não interferir no planejamento. O casal precisa saber muito bem os caminhos da solução de problemas para facilitar e viabilizar o planejamento.

O que deve constar em um planejamento familiar? Tudo o que diz respeito à família: trabalho, investimentos, educação, imóvel, transporte, despesas, filhos, diversão, etc.

O que deve ser considerado no contexto da família?

- **Papéis** – quem faz o que de acordo com as habilidades. Se não houver conhecimento para algo, como será adquirido esse conhecimento;
- **Investimentos** - fundo de reserva e tipos de investimento. Qual o percentual que será investido;

- **Imóvel** - onde vão morar. Se será aluguel ou imóvel próprio. Se será casa ou apartamento. Se haverá um financiamento. Qual a forma de pagamento?;
- **Transporte** - como a família vai se locomover?;
- **Educação** - escola dos filhos, cursos para o casal. Como serão pagos?;
- **Despesas** - como será o orçamento doméstico? Como será o controle financeiro?.

6.1. PLANEJAMENTO – A ARTE DE SE CRIAR O FUTURO

Você já se perguntou por que a maioria dos países no hemisfério norte é rica e a maioria no hemisfério sul ainda é pobre? Fazendo uma análise empírica, acredito que é justamente por causa do planejamento. Como assim? Vou explicar.

O clima no hemisfério norte é muito mais rígido do que no hemisfério sul. Isso obrigou as famílias, desde milhares de anos atrás, a se planejarem para enfrentar o inverno. Essa necessidade criou uma cultura de planejar e poupar para os tempos difíceis. De alguma forma, isso está embutido na cultura desses povos.

Ao contrário, no hemisfério sul (em países tropicais) é comum termos colheitas durante o ano todo. Não há grande necessidade de guardar. Culturalmente, a maioria das famílias não tem o hábito de planejar e guardar.

As consequências são as mais diversas possíveis. Seguem alguns exemplos:

- Ausência de investimentos e de poupança;
- As pessoas vivendo em função do dia do pagamento;
- Consumismo exagerado;
- Famílias extremamente endividadas;
- Utilização exagerada dos meios disponíveis de crédito fácil (financiamentos, cartões de créditos, etc.);

Outra situação curiosa a respeito das diferenças entre países ricos e pobres está na colonização. Quase todos os países que foram colonizados pelos ingleses são ricos e quase todos os países colonizados pelos portugueses e espanhóis são pobres. Por quê?

Novamente, fazendo uma análise empírica, verificamos que a colonização inglesa contemplou um bom processo educacional aos seus colonos enquanto as colonizações portuguesa e espanhola fizeram quase nada pela educação. Inclusive criaram a dependência dos colonos em relação aos padres no que diz respeito às tomadas de decisões, aconselhamentos, leitura, etc.

Claro que isso não é um diagnóstico das causas do grande problema financeiro, existem outras possíveis, como a ausência de educação financeira. O convite que faço a você é se diferenciar e aprender a fazer um bom planejamento.

6.2. VÍCIOS FINANCEIROS

Eu fico decepcionado com a falta de educação financeira da maioria das famílias brasileiras. O nosso sistema educacional é muito negligente com o tema e as consequências nós sabemos bem. São famílias endividadas, não conseguem sair do aluguel e isso causa grande impacto negativo na qualidade de vida em geral.

Justamente pela ausência da educação financeira, as pessoas desenvolvem vícios financeiros terríveis.

O primeiro deles é gastar sem planejamento. Eu nasci e cresci em uma família que, como a maioria, não tinha bons hábitos financeiros. Era muito comum ver meus pais desesperados aguardando o dia do pagamento para fazer a compra do mês, quitar algumas dívidas e, logo em seguida, ficar sem dinheiro para esperar pelo próximo pagamento. O ciclo sempre se repetia. Toda vez que havia algum evento especial, como aniversário, festa e feriado, era necessário fazer dívidas para sobreviver à data festiva. De fato, nunca faltou o básico, mas era tudo muito restrito. Isso parecia uma espécie de destino, costumávamos ouvir frases do tipo "na condição de pobre, a gente tem tudo", "como não nascemos em berço de ouro, precisamos viver do jeito que Deus quiser". Nunca acreditei que deveria ser assim.

Se você já viveu situações semelhantes e conhece bem o que estou falando, será importante considerar as dicas básicas que oferecemos neste capítulo. No entanto, para uma compreensão mais profunda, sugiro a leitura de bons livros sobre finanças pessoais e a participação em cursos e seminários sobre esse tema.

O segundo grande vício é não poupar, seja para momentos de sufoco ou mesmo para investimentos. Como descrevi empiricamente antes, o hábito de guardar ou poupar não é praticado pela maioria dos habitantes do hemisfério sul. Consequentemente, as famílias vivem endividadas e não estão preparadas para nenhum evento extraordinário. Os eventos extraordinários podem ser doenças, acidentes, demissões, etc.

É muito comum nessas horas recorrer ao crédito e, como bem sabemos, o custo dessa modalidade é altíssimo.

No final da década de 90, eu havia comprado a minha primeira casa própria. Como foi em um bairro não servido pelo transporte da empresa em que eu trabalhava, precisei comprar um carro. Como eu não tinha dinheiro para comprar o carro à vista, comprei pelo sistema *leasing*. Logo veio a crise da Ásia, o dólar subiu vertiginosamente e as prestações ficaram altíssimas, quase impossíveis de pagar. Só conseguimos sair do sufoco porque tivemos uma sacada que vou contar logo a seguir, ao falar do terceiro vício financeiro.

O terceiro vício é depender de uma única fonte de renda. A maioria esmagadora da população tem somente uma fonte de renda e acaba acomodada com isso. Logo, quando a fonte seca pelas mais diversas razões imagináveis, as pessoas ficam totalmente desamparadas financeiramente.

Como eu havia comentado anteriormente, quando aconteceu a crise da Ásia nos anos 98/99, havia muitos financiamentos baseados no dólar no sistema *leasing*. Eu tinha um carro financiado assim e, como estava pagando o carro, a faculdade e ainda tinha dois filhos pequenos, é claro que a renda não suportou o aumento do dólar.

Foi então que tivemos uma sacada. A minha esposa, que na época administrava somente o lar, fez um curso de confecção de *lingeries*, começou a produzi-las e tivemos uma renda extra. Na época, eu tinha alguns conhecimentos de *lingerie* porque havia trabalhado durante um tempo na área de qualidade de confecções. Com a habilidade da minha esposa e meus conhecimentos técnicos, inovamos na produção de *lingeries* personalizadas. Fazíamos as *lingeries* totalmente personalizadas de acordo com as medidas das clientes. Foi um tempo corrido, pois eu trabalhava e estudava e nos pequenos momentos livres desenhava os moldes personalizados. O período durou uns três anos, mas sobrevivemos e não atrasamos nenhuma só prestação. Claro que aprendemos a lição. Financiamentos iguais a esse, nunca mais.

Eu dei alguns exemplos pessoais para facilitar a sua compreensão e aprofundar um pouco o assunto.

A seguir, faremos o roteiro básico de um planejamento. Eu o convido para esta aventura maravilhosa. Você vai adorar!

6.3. ROTEIRO BÁSICO PARA UM BOM PLANEJAMENTO

Se você não tiver tempo para fazer nenhum tipo de planejamento, o que não acredito ser verdade, siga pelos menos as instruções abaixo:

- Faça uma previsão de despesas;
- Gaste sempre menos do que ganha;
- Faça um controle rigoroso das suas finanças;
- Evite compras por impulso;
- Se possível, evite utilizar cartões de crédito;
- Reserve uma parte para poupança ou investimentos. O ideal é guardar 20% da sua renda;
- Evite financiamentos. Crie o hábito de juntar para depois comprar;
- Tenha mais de uma fonte de renda.

Como o planejamento é um árduo exercício de pensar, vamos estabelecer dez dicas práticas para facilitar a criação e execução do planejamento[1]:

1. Reserve tempo para falar sobre finanças. O assunto finanças é tão importante quanto qualquer outro assunto no casamento. Muitos casais se omitem ou negligenciam o tema e sofrem as consequências. O primeiro passo de um bom planejamento é reservar um tempo para construí-lo;

---
1 As dicas foram adaptadas do *site*: http://dinheiro.br.msn.com/fotos/10-erros-financeirosque-podem-acabar-com-o-casamento-2?page=9#image=11;

2. Presentes caros não melhoram o casamento e não substituem o tempo e a atenção. A generosidade no casamento deve ser cultivada e valorizada. No entanto, substituir a atenção ao cônjuge e aos filhos por presentes caros não terá o mesmo valor. Devido à correria dos dias atuais, muitas pessoas, que não reservam tempo de qualidade para o cônjuge e filhos, pensam que um presente caro pode suplantar essa falta. O fato é que formam pessoas carentes que vão buscar nos gastos a satisfação para suas vidas;

3. A responsabilidade do controle é dos dois. Se os filhos já tiverem idade suficiente, também deverão ser envolvidos no controle de despesas da família. É muito comum ver casais desconectados quando o assunto é controle de despesas. Às vezes, somente um dos cônjuges se preocupa e, muitas vezes, ninguém faz controle algum. Como diz o ditado: "Aquilo que eu não controlo, não gerencio". Se não houver controle, não haverá uma boa administração dos recursos financeiros no casamento;

4. Cuidado com as contas separadas. Isso pode levar à divergência de gastos e a uma "independência" não saudável. Partindo do princípio de que o ideal no casamento é tudo ser em comum, a separação de contas cria "subempresas" dentro do relacionamento;

5. Atenção às dívidas. Procurem quitar as dívidas em conjunto. Vários estudos relatam que uma pessoa endividada corre riscos de sérios transtornos psicossomáticos oriundos da preocupação. Se a dívida foi planejada, ela não deve ser uma preocupação porque já está estabelecido como será quitada;

6. Cuidado com a infidelidade financeira. Da mesma forma que uma infidelidade no relacionamento provoca uma série de constrangimentos, a infidelidade financeira também causa. Procure sempre ser transparente com o seu cônjuge em tudo, inclusive nas questões financeiras;

7. Evite envolver parentes em questões financeiras. Só envolva se o parente for economista e realmente puder ajudar. As finanças de um casal dizem respeito ao casal. Jamais compartilhe com parentes o sigilo das finanças do casal;

8. O planejamento deve ser feito em conjunto. Nada de deixar somente para o outro fazer porque talvez tenha mais conhecimento do assunto. Participe e se envolva em tudo;

9. Procurem a solução. Como foi mostrado no capítulo anterior, dê foco à solução. Os problemas financeiros vão surgir, principalmente se não foi feito um bom planejamento. Agora, não adianta fazer acusações mútuas, será necessário procurar a solução;

10. Gastem o dinheiro juntos. Um pouco de individualidade é bom, no entanto, procurem gastar e investir em conjunto. Compartilhem de alguns *hobbies* e se divirtam juntos.

Spa do casamento

Vou compartilhar uma experiência para reforçar a importância do planejamento.

Eu tomei conhecimento sobre esse importante assunto no ano 2001. Embora financeiramente estável, não estava satisfeito com o trabalho e nem com a casa em que morávamos. Então, eu e minha esposa reservamos um tempo e fizemos nosso primeiro planejamento por escrito. Utilizamos uma agenda que mantemos guardada até hoje como um símbolo de algo que deu muito certo.

Na ocasião, planejamos comprar uma nova casa e todo o controle financeiro. Eu aproveitei o momento e fiz um planejamento de carreira para os próximos 10 anos, incluindo promoções, novos cursos, rendimentos e uma carreira de consultor após os 42 anos de idade.

No ano seguinte, mudamos para a nova casa exatamente do jeito que havíamos planejado. Em 2005, concluí um MBA dentro do planejamento de carreira. Tive 3 promoções no trabalho nos 7 anos seguintes ao planejamento. No oitavo ano após o planejamento, fiz uma transição de empresa para ocupar um cargo executivo conforme planejado. Após 10 anos, eu já estava atuando como consultor independente.

Todos os anos revemos e atualizamos o nosso planejamento.

Caso vocês estejam interessados em aprofundar um pouco mais sobre o Planejamento Estratégico Pessoal, acessem meu *e-book* gratuito por meio do QR code a seguir.

Agora que já sabem o básico, podemos iniciar efetivamente o planejamento. Para isso, respondam à seguinte pergunta:

Como vocês desejam estar daqui a um, a cinco e a dez anos, de acordo com os itens abaixo?

É importante responder por escrito:

- Local da residência;
- Trabalho e renda;
- Filhos;
- Investimentos;
- Estudos;
- Controle de despesas;
- Situação financeira.

Se vocês ainda não escreveram as respostas, eu os convido a escrever em um caderno ou documento digital para consultar no futuro. Lembre-se de que quando não escrevemos, não nos comprometemos de verdade.

Vamos agora fazer o planejamento de despesas anual de acordo com um modelo de planilha que estou sugerindo, mas você pode utilizar aplicativos, planilhas em Excel ou *softwares* específicos. O mais importante é vocês utilizarem uma ferramenta que seja prática e não vá cair no esquecimento.

No planejamento de despesas, vocês vão definir o quanto vão gastar para cada tipo de despesa. A forma mais efetiva de estimar a despesa e verificar o valor médio gasto nos últimos meses é assumir o compromisso de reduzir. Vejam os exemplos:

	JAN	FEV	MAR	ABR	MAI	JUN
HABITAÇÃO						
ALUGUEL/ PRESTAÇÃO						
GÁS						
ÁGUA						
LUZ						
TELEFONES						
FEIRA/ PADARIA						
TV POR ASSINATURA						
SUPERMERCADO/AÇOUGUE						
EMPREGADA						

REFORMAS/CONSERTOS						
OUTROS/AJUDA EM CASA						

	JAN	FEV	MAR	ABR	MAI	JUN
SAÚDE						
PLANO DE SAÚDE						
DENTISTA						
MEDICAMENTOS						
OUTROS						

	JAN	FEV	MAR	ABR	MAI	JUN
TRANSPORTE						
ÔNIBUS						
TÁXI						
OUTROS						

	JAN	FEV	MAR	ABR	MAI	JUN
AUTOMÓVEL						
PRESTAÇÃO						

Spa do casamento

SEGURO						
COMBUSTÍVEL						
LAVAGENS						
IPVA						
MECÂNICO						
MULTAS						
OUTROS						

	JAN	FEV	MAR	ABR	MAI	JUN
DESPESAS PESSOAIS						
HIGIENE PESSOAL						
COSMÉTICOS						
CABELEIREIRO						
VESTUÁRIO						
LAVANDERIA						
TELEFONE CELULAR						
EMPRÉSTIMOS						
CURSOS - MBA						
OUTROS						

	JAN	FEV	MAR	ABR	MAI	JUN
LAZER						
RESTAURANTES						
LIVRARIA/JORNAIS						
MÚSICA, FILMES, ACESSÓRIOS						
PASSEIOS						
OUTROS						

	JAN	FEV	MAR	ABR	MAI	JUN
CARTÕES DE CRÉDITO						
VISA						
MASTERCARD						

	JAN	FEV	MAR	ABR	MAI	JUN
DEPENDENTES						
ESCOLA/ FACULDADE						
CURSOS EXTRAS						
MATERIAL ESCOLAR						
ESPORTES/ UNIFORMES						
MESADAS						
VESTUÁRIO						

SAÚDE/ MEDICAMENTOS						
OUTROS						

Vejam bem, as contas são simples sugestões, vocês poderão acrescentar outras ou retirar as que acharem não fazer sentido.

Agora, não basta organizar as despesas se não planejarem as entradas ou os ganhos. Vejam abaixo a continuação da tabela anterior:

TOTAL DE DESPESAS	0	0	0	0	0	0
SALÁRIOS						
FÉRIAS						
OUTRAS ENTRADAS						
TOTAL ENTRADAS						
VESTUÁRIO						
SALDO	0	0	0	0	0	0
SALDO ACUMULADO	0	0	0	0	0	0

Vocês deverão somar todas as despesas por mês e verificar se caberão dentro dos rendimentos da família. Se no planejamento já verificarem que as despesas vão ultrapassar os ganhos, já façam as devidas reduções ou providenciem outra renda.

Lembrem sempre de incluir uma linha para investimentos ou poupança. O ideal é que seja 20% da renda mensal.

Eu deixei somente seis meses nas planilhas por uma questão de espaço, vocês deverão planejar os doze meses do ano. Se, por acaso, não estão no começo do ano, não importa, façam de doze meses a partir de agora.

Isso que acabamos de fazer foi somente o planejamento de despesas. Agora, vamos fazer o controle das despesas. A minha sugestão é que as despesas devem ser controladas diariamente. Isso significa que todos os dias vocês anotarão absolutamente todos os tipos de gastos, mesmo que seja com uma simples bala. Aquilo que não controlamos não gerenciamos.

A planilha terá a mesma estrutura, porém será diária. Vejam os exemplos:

	1 / JAN	2 / JAN	3 / JAN	4 / JAN	5 / JAN	6 / JAN	7 / JAN	8 / JAN	9 / JAN	10 / JAN
HABITAÇÃO										
ALUGUEL/ PRESTAÇÃO										
GÁS										
ÁGUA										
LUZ										
TELEFONES										

Spa do casamento

FEIRA/ PADARIA										
TV POR ASSINATURA										
SUPERMERCADO/ AÇOUGUE										
EMPREGADA										
REFORMAS/ CONSERTOS										
OUTROS/ AJUDA EM CASA										

	1 / JAN	2 / JAN	3 / JAN	4 / JAN	5 / JAN	6 / JAN	7 / JAN	8 / JAN	9 / JAN	10/ JAN
SAÚDE										
PLANO DE SAÚDE										
DENTISTA										
MEDICAMENTOS										
OUTROS										

	1 / JAN	2 / JAN	3 / JAN	4 / JAN	5 / JAN	6 / JAN	7 / JAN	8 / JAN	9 / JAN	10/ JAN
TRANSPORTE										
ÔNIBUS										
TÁXI										
OUTROS										

	1 / JAN	2 / JAN	3 / JAN	4 / JAN	5 / JAN	6 / JAN	7 / JAN	8 / JAN	9 / JAN	10/ JAN
AUTOMÓVEL										
PRESTAÇÃO										
SEGURO										
COMBUSTÍVEL										
LAVAGENS										
IPVA										
MECÂNICO										
MULTAS										
OUTROS										

	1 / JAN	2 / JAN	3 / JAN	4 / JAN	5 / JAN	6 / JAN	7 / JAN	8 / JAN	9 / JAN	10/ JAN
DESPESAS PESSOAIS										
HIGIENE PESSOAL										
COSMÉTICOS										
CABELEIREIRO										
VESTUÁRIO										
LAVANDERIA										
TELEFONE/ CELULAR										
EMPRÉSTIMOS										

Spa do casamento

CURSOS- MBA										
OUTROS										

	1 / JAN	2 / JAN	3 / JAN	4 / JAN	5 / JAN	6 / JAN	7 / JAN	8 / JAN	9 / JAN	10 / JAN
LAZER										
RESTAURANTES										
LIVRARIA/ JORNAL										
MÚSICA, FILMES, ACESSÓRIOS										
PASSEIOS										
OUTROS										

	1 / JAN	2 / JAN	3 / JAN	4 / JAN	5 / JAN	6 / JAN	7 / JAN	8 / JAN	9 / JAN	10 / JAN
CARTÕES DE CRÉDITO										
VISA										
MASTERCARD										

	1 / JAN	2 / JAN	3 / JAN	4 / JAN	5 / JAN	6 / JAN	7 / JAN	8 / JAN	9 / JAN	10 / JAN
DEPENDENTES										
ESCOLA/ FACULDADE										

CURSOS EXTRAS									
MATERIAL ESCOLAR									
ESPORTES/ UNIFORMES									
MESADA									
VESTUÁRIO									
OUTROS									

Como podem ver nas planilhas, o controle é diário. Claro que vocês deverão fazer uma planilha com 30 ou 31 dias. O mais interessante será que poderão acompanhar as despesas por dia se somarem a coluna do dia e poderão acompanhar as despesas por tipo de conta se somarem a linha respectiva da conta. De fato, esta é a próxima recomendação, no final de cada mês somem todas as despesas por linha e comparem com o planejamento das despesas. Se ficarem menores que as do planejamento, será maravilhoso, as sobras poderão ser investidas. Se ficarem acima, vocês deverão fazer um plano de ação para reduzir e compensar no próximo mês.

Para fechar esse controle de despesas *versus* o planejamento, sugiro outra planilha para facilitar a visualização completa, que vocês podem acessar ao escanearem o QR *code* a seguir:

Na planilha anterior, vocês deverão, ao final de cada mês, preencher com as somatórias finais da planilha de controle das despesas. Nessa planilha, terão a visualização mensal e poderão comparar a variação das despesas ao longo dos meses. No final da planilha, vocês colocarão os rendimentos totais e os gastos totais de cada mês e poderão verificar se o saldo foi positivo ou negativo. Se for positivo, invistam a sobra, se, por acaso, for negativo, façam um plano de ação urgentemente para compensar no mês seguinte.

Eu sei que esse exercício não será fácil para algumas pessoas, no entanto, procurem ajuda se necessário. É a saúde financeira do casamento e da família que está em jogo.

Como sempre faço nos meus cursos e seminários, deixarei o meu contato no final do livro e, se vocês quiserem, enviarei esta planilha no formato Excel com todas as fórmulas para simplesmente digitarem os valores, assim ela calculará tudo automaticamente e ainda fornecerá alguns gráficos para facilitar a visualização.

Mas não se esqueçam, existem dezenas de bons *softwares* e planilhas financeiras disponíveis na *Internet*.

Outra recomendação é que vocês leiam livros ou participem de seminários financeiros para fortalecerem essa competência no casamento. Uma ótima sugestão são os livros do Pastor Arão Xavier, ele já escreveu mais de uma dezena de livros sobre o tema e todos são excelentes (http://www.institutoprospere.com).

Com base no que aprenderam neste capítulo, qual é o compromisso que assumem para fazer e manter vivo o planejamento no relacionamento de vocês?

Capítulo 7
Clima e romance

Foi de propósito que deixei para tocar neste assunto importantíssimo em sétimo lugar. Com base em minha própria experiência e no acompanhamento de dezenas de casais ao longo dos últimos 30 anos, posso afirmar que não haverá um bom clima no casamento se as questões anteriores não estiverem bem resolvidas.

Como haverá um bom clima se os indivíduos não se conhecem bem e não conseguem definir e controlar suas próprias emoções?

Como haverá um bom clima se o casal não consegue se comunicar?

Como haverá um bom clima se o relacionamento não vai bem e não conseguem amar e perdoar de verdade um ao outro?

Como haverá um bom clima se os papéis e responsabilidades não são claros e um dos cônjuges se sente sobrecarregado na relação?

Como haverá um bom clima se existe insegurança quanto às finanças e ao futuro? Como haverá um bom clima se as preocupações com provisões e dívidas ocupam a mente dos dois o tempo todo?

As perguntas acima nos levam a refletir que, para haver um maravilhoso clima de romance estável e prazeroso, os assédios a esse clima devem ser vencidos.

7.1. ROMANCE

Todo relacionamento necessita de romantismo. Por mais que alguns digam que isso é antiquado ou ultrapassado, um certo romantismo faz muito bem aos dois.

Quem não gosta de ser bem tratado e mimado?

Quem não gosta de ser reverenciado?

Quem não gosta de ser elogiado e presenteado?

Quem não gosta de saber o que é importante para alguém?

Talvez o tempo, a correria do dia a dia, a concorrência de afazeres tenham nos furtado o romantismo no casamento. Não é muito comum observamos a delicadeza nos casais atualmente.

Parece que falta uma certa elegância nos comportamentos e isso reflete dentro dos casamentos.

Spa do casamento

Para aprofundar a compreensão do romance no seu relacionamento, responda às seguintes questões, de preferência junto com o seu cônjuge:

I. Como você enxerga hoje a pessoa amada, faça uma breve descrição;
II. Costumam lembrar e comemorar juntos as datas importantes para vocês?
III. Como anda o diálogo entre vocês?
IV. Como você fala do seu cônjuge para outras pessoas?
V. Quando você faz alguma mudança no visual, o outro percebe? E se percebe, o que fala?
VI. Quando você compartilha um plano de algo que é muito importante para você, qual a reação do seu cônjuge?
VII. Nos eventos familiares, como é a sua participação?
VIII. Você acha a relação gratificante?
IX. Qual o nível de libido que você sente em relação ao seu cônjuge?
X. Você planeja um tempo a sós com o cônjuge?

Normalmente, no princípio da relação tendemos a romantizar tudo, inclusive os defeitos da outra pessoa. Com o passar do tempo, deixamos de ver as coisas boas e só ressaltamos o que não está bem. Pense a respeito da pessoa amada, qual a imagem que você tem dela? Concentre-se em ver e ressaltar somente o que é bom. Isso não é ignorar os problemas, mas admirar a pessoa pelas suas qualidades e aprender com maturidade a relevar as imperfeições, até porque você também não é perfeito.

Algumas pessoas não se atentam muito para datas e comemorações. Se esse for o seu caso, observe se isso é importante para o seu cônjuge. Se for importante para o seu cônjuge, utilize-se de algum mecanismo que faça você se lembrar das datas importantes. Isso valoriza a relação.

Você tem prazer em conversar com o seu cônjuge? Lembra da época de namoro em que não via a hora de se encontrar com a pessoa amada para simplesmente estar ao lado dela? Vocês conversavam por horas e pareciam minutos? Procure resgatar o diálogo sem o compromisso de resolver problemas ou falar de coisas ruins. Simplesmente conversem. Isso será fantástico!

Ao se referir sobre o seu cônjuge para as outras pessoas, qual é a imagem que você transmite a respeito dele ou dela? A forma como você fala do seu cônjuge revela muito sobre o respeito e a admiração que você nutre por ele.

Em um programa de humor na televisão, eu vi alguns humoristas abordando casais na rua e perguntando aos dois qual era a roupa que o outro estava usando naquele momento, claro que sem olhar. Por incrível que pareça, menos da metade das mulheres acertaram, enquanto nenhum homem acertou. Podemos perceber o quanto os cônjuges deixam de observar sobre o outro. E você, percebe as mudanças de visual no seu cônjuge? Pode ser que ele ou ela tenha mudado exclusivamente para você.

Você costuma se entusiasmar com os planos e projetos do seu cônjuge? Você o incentiva para ir em frente e dá o apoio necessário, nem que seja moral?

Algo muito importante na relação é o respeito para com os parentes do cônjuge. Ninguém gosta de ter os seus pais e parentes desrespeitados por outra pessoa. Cuidado com as piadas de sogra e coisas semelhantes. Às vezes, isso magoa muito.

É muito importante que a relação seja gratificante e prazerosa para os dois em todos os sentidos. Isso inclui a intimidade também. Por mais que muitas pessoas tratem a sexualidade como um certo tabu, essa é uma área importantíssima no relacionamento. Não é nosso objetivo abordar profunda e cientificamente essa área, porém não a ignore. Não hesite em procurar ajuda especializada se houver necessidade.

Você conhece a estorinha sobre o jovem jardineiro que, ao terminar o seu trabalho na casa de um dos seus clientes, pede para usar o telefone rapidamente? Pois bem, o cliente autoriza e fica por perto. Assim, terminou escutando o que o rapaz tinha de tão importante para dizer para quem estava do outro lado da linha.

E ouve o discurso: "Sou um excelente jardineiro, tenho um valor mensal justo, limpo todo o quintal ao término do trabalho, recolho o lixo, aplico remédio nas plantas se for preciso, sou pontual e honesto. O senhor estaria interessado em conhecer os meus serviços? Podemos marcar um horário de acordo com a sua disponibilidade".

Depois de alguns segundos em silêncio, o rapaz se despede: "Ok senhor. Muito obrigado pela atenção". Ao desligar, o rapaz agradece o cliente e vai saindo. Mas o cliente, intrigado, questiona: "Amigo, você fez uma excelente proposta a esse homem e, mesmo assim, ele não aceitou nem conhecer o seu trabalho?".

E o rapaz esclarece: "Bem, ele me disse que não quer conhecer o meu trabalho porque está extremamente contente com o trabalho do jardineiro dele. Isso me deixa muito feliz, porque o jardineiro dele sou eu há cinco anos! Liguei apenas para me certificar de que ele está satisfeito com o meu trabalho!".

De vez em quando, veja com o seu cônjuge (principal cliente) se ele ou ela está satisfeito com o relacionamento.

Você ainda sente a mesma atração física pelo seu cônjuge? É natural que, com a idade, a atração tenda a diminuir, mas não desaparece. Procure meios e métodos para manter em alta a libido entre vocês. Se precisar, não hesite em procurar ajuda especializada. Não se furtem de dar o máximo prazer sexual um ao outro. Inclua no planejamento de vocês alguns programas a sós para fortalecerem a relação. Utilizem a criatividade para surpreender um ao outro!

O casal que se priva de ter momentos íntimos prazerosos, satisfatórios e de dedicação está perdendo muito do que a vida a dois tem a oferecer. Estão perdendo e abrindo brechas enormes para possíveis traições no casamento. A satisfação íntima no casamento, além de prazerosa em si, traz inúmeros benefícios à saúde física e emocional.

Lembrem-se sempre, o homem transa para ficar bem, a mulher precisa estar bem para transar.

Utilizem a comunicação para esclarecer todos os detalhes da vida íntima entre vocês. Se for necessário, façam um planejamento para dedicar o tempo ideal à vida íntima.

O nosso tempo hoje está escasso, a gente hoje vai para a cama no último minuto depois que já não aguenta mais ficar acordado. Nesse caso, é claro que não há pique para mais nada.

Domenico De Masi (*O ócio criativo*, 2000) falava que chegaria um momento em que iríamos trabalhar menos e descansar mais — mentira absoluta! A tecnologia nos faz trabalhar muito mais, muito mais! WhatsApp, *e-mail*, redes sociais. Tudo se tornou uma coleirinha eletrônica que nos amarra ao trabalho e concorre com o nosso tempo. Estamos deixando de desfrutar de relacionamentos íntimos e prazerosos por falta de tempo e cansaço. É falta de tempo mesmo ou é falta de planejamento?

Não é falta de tempo, aliás, falta de tempo é desculpa para muita coisa. E aí eu vou para um clichê muito famoso: "Quando eu quero, eu dou um jeito, quando eu não quero dou uma desculpa". É simples! E aí vêm as desculpas e se entra em uma rotina.

A mídia de hoje escancarou o sexo de forma errada, criando padrões que são irreais. Por exemplo, qual é o percentual que você acredita que existe de mulheres com o perfil anatômico (beleza) das modelos que saem em capa de revistas? Menos de 7%, isso quer dizer, 93% das mulheres não preenchem o perfil anatômico que a mídia considera ideal. Agora vem a pergunta, 7% estão certos e 93% estão errados? Claro que não! Nem os 7% nem os 93% estão certos e errados, é só uma diferença. Mas a mídia valoriza e isso cria padrões e expectativas irreais. Infelizmente, muitas pessoas que não preenchem os padrões midiáticos se fecham ou se autodesvalorizam e não se permitem desfrutar o máximo que a vida íntima pode proporcionar.

Jamais compare a sua vida íntima, ou a sua relação conjugal, com a dos outros. Encontre o ponto de equilíbrio com o seu cônjuge. Novamente, se for necessário, procure ajuda especializada.

A seguir, compartilharei 10 dicas para criar e manter um clima maravilhoso:

I. Aprenda a arte de surpreender positivamente. Como é gratificante ser surpreendido sem uma razão especial;
II. Ofereça mais do que espera receber. Faça tudo simplesmente para agradar ao seu cônjuge. Se os dois pensarem da mesma forma, a relação será maravilhosa;

III. Elogie sempre. Elogie as coisas simples. Elogie a intenção. Cuidado com a bajulação, o elogio deve ser sincero. E não seja soberbo ao receber elogios;
IV. Seja divertido e alegre. Ninguém gosta de conviver com pessoas chatas e ranzinzas;
V. Faça declarações de amor. Utilize a criatividade para declarar o seu amor de maneiras inusitadas e surpreendentes;
VI. Pratique a escuta ativa. Você já aprendeu sobre a arte de escutar no capítulo Comunicação. Então pratique;
VII. Reserve tempo de qualidade para o seu parceiro. Afinal, o seu cônjuge é a pessoa mais importante para você;
VIII. Beije mais. Não economize, beije muito;
IX. Seja elegante, polido e cortês. Educação, polidez e elegância nunca serão demais, principalmente no relacionamento conjugal;
X. Ame de verdade. Mais do que um sentimento, escolha e decida amar de verdade.

Eu gostaria de compartilhar um texto espetacular de Martha Medeiros (jornalista e escritora) que fala sobre "Elegância no Comportamento":

> É a elegância que nos acompanha da primeira hora da manhã até a hora de dormir e que se manifesta nas situações mais prosaicas, quando

não há festa alguma nem fotógrafos por perto. É uma elegância desobrigada. É possível detectá-la nas pessoas que elogiam mais do que criticam, nas que escutam mais do que falam. E quando falam, passam longe da fofoca, das pequenas maldades ampliadas no boca a boca. É possível detectá-la nas pessoas que não usam um tom superior de voz ao se dirigir a frentistas, nas pessoas que evitam assuntos constrangedores porque não sentem prazer em humilhar os outros. É possível detectá-la em pessoas pontuais. Elegante é quem demonstra interesse por assuntos que desconhece, é quem presenteia fora das datas festivas, e, ao receber uma ligação, não recomenda à secretária que pergunte antes quem está falando e só depois manda dizer se está ou não está. Oferecer flores é sempre elegante. É elegante você fazer algo por alguém e este alguém jamais saber disso... É elegante não mudar seu estilo apenas para se adaptar ao outro. É muito elegante não falar de dinheiro em bate-papos informais. É elegante o silêncio, diante de uma rejeição. Sobrenome, joias e nariz empinado não substituem a elegância do gesto. Não há livro que ensine alguém a ter uma visão generosa do mundo. É elegante a gentileza... Atitudes gentis falam mais que mil imagens. Abrir a porta para alguém... é muito elegante. Dar o lugar para alguém sentar... é muito elegante. Sorrir sempre é muito elegante e faz um bem danado para a alma... Olhar nos olhos ao conversar é essencialmente elegante. Pode-se tentar capturar esta delicadeza pela observação, mas tentar imitá-la é improdutiva. A saída é desenvolver a arte de conviver, que independe de status social: é só pedir licencinha para o nosso lado brucutu, que acha que "com amigos não tem que ter estas frescuras". Educação enferruja por falta de uso. E, detalhe: não é frescura.

Há um serviço muito interessante no mundo da aviação, a primeira classe. Quem paga por esse serviço, em geral, é muito bem tratado. Recebe mimos diferentes das outras pessoas. Na primeira classe, você é especial e tem atenção personalizada. O seu cônjuge tem essa percepção a seu lado? Você trata o seu cônjuge de forma especial e personalizada? Você realiza os desejos do seu cônjuge?

Eu sei que você não é o gênio da lâmpada, mas se der uma esfregadinha...

O que você vai fazer de diferente para melhorar o clima no seu relacionamento?

O que você vai fazer para que o seu cônjuge se sinta na primeira classe ao seu lado?

Capítulo 8

Compromisso absoluto

Spa do casamento

> Ter alguém é escolha, escolher permanecer junto uma decisão; e exige compromisso, entrega, honestidade e dedicação. Amor é não enjoar de amar! Rostinho bonito envelhece, maquiagem sai com água, pele bonita enruga, cabelo bonito fica branco, corpo definido cai, mas o caráter fica!
> **Carolina Ribeiro**

A palavra compromisso vem do latim COMPROMISSUS, particípio passado de COMPROMITTERE, "fazer uma promessa mútua", formado por COM, "junto", mais PROMITTERE, "prometer, garantir".

Para muitos, o compromisso é encarado como uma obrigação. Um acordo que se não for cumprido implica em penalizações ou restrições. Talvez seja uma promessa que, se não cumprida, manche ou fira a honra da pessoa.

Poderíamos incluir outras possíveis definições ou hipóteses sobre o compromisso, mas quero indicar o que penso sobre compromisso após mais de duas décadas de casamento, acompanhar vários amigos casados e aconselhar inúmeros jovens casais nos últimos vinte anos.

No casamento, compromisso é uma decisão deliberada de ficar ao lado de uma pessoa não pelo que ela tem, mas pelo que ela é e representa para você. É assumir a outra pessoa como parte de si mesmo (ou si mesma). É não considerar a sua vida sem a outra pessoa. É deixar de conjugar no singular para conjugar no plural. É deixar de usar o "eu" para usar o "nós". É compartilhar o que você tem de mais importante com a pessoa amada, a sua vida!

Compromisso é sonhar juntos, fazer planos juntos e realizar juntos. É desejar e realizar o melhor para a pessoa amada.

Compromisso exige maturidade, exige doação sem a necessidade da reciprocidade imediata.

Compromisso é estar disposto(a) a contribuir cento e dez por cento, de vez em quando, para manter o relacionamento saudável.

Compromisso é reconhecer que, da mesma maneira que não somos perfeitos e infalíveis, a pessoa amada também não é.

Muitas pessoas se envolvem com outras por diversas razões, corpo bonito, carreira promissora, situação financeira, boa conversa, mesmo gosto musical, estilo de vida, mesma religião, etc. No entanto, essas coisas mudam com o tempo. O corpo envelhece, a carreira fica obsoleta, o dinheiro se vai, a conversa muda, as músicas são esquecidas, o estilo muda, o cabelo cai ou fica branco, talvez venha a doença...

Até a paixão se vai.

Compromisso é escolher querer a pessoa amada, apesar de tudo isso. Longe de ser uma obrigação social, é uma atitude de boa vontade.

8.1. CONFIANÇA

O compromisso se fortalece ao longo do tempo e alguns elementos ajudam nesse processo. Um dos mais importantes é a confiança. Nenhuma relação sobrevive sem confiança. Não existe compromisso sem confiança.

Confiança vem do latim CONFIDENTIA, "confiança", de CONFIDERE, "acreditar plenamente, com firmeza", formada por COM, prefixo intensificador, mais FIDERE, "acreditar, crer", que deriva de FIDES, "fé".

A confiança vem com o tempo, com as experiências e as diversas situações passadas juntos. Vem com a parceria.

Quando se confia verdadeiramente, não há dúvida do caráter da pessoa amada. Se ela falou, pronto, é isso! Não há necessidade de provas e de evidências. Não é necessário checar e investigar as informações. Isso exige muita maturidade no relacionamento.

Confiar é uma entrega. É como se a sua vida estivesse nas mãos da outra pessoa e a recíproca é verdadeira.

Há um espetáculo circense chamado *Desire of Fligth*, com os artistas russos Sychev & Abakarova, que ilustra bem a relação de confiança. Em determinado momento da apresentação, a artista Abakarova sobe no tecido, se joga lá de cima e Sychev a pega no momento exato antes de se esborrachar no chão. É claro que houve muito ensaio para se chegar a essa perfeição, mas a cena reflete a verdadeira confiança. A vida dela estava nas mãos dele. Ela simplesmente se jogava tendo a certeza de que ele estaria lá embaixo para segurá-la no momento exato. Isso é perfeito!

Agora, antes de cobrar a confiança da outra pessoa, faça algumas perguntas a si mesmo(a): eu sou confiável? Minhas ações e atitudes são confiáveis? Eu costumo cumprir as minhas palavras, promessas e compromissos?

Eu só posso cobrar da outra pessoa aquilo que faço bem. Caso contrário, não terei autoridade moral para exigir da outra pessoa.

A confiança pode ser comparada a um edifício, é construída aos poucos. Primeiro vêm a fundação, amor e caráter. Depois vêm as paredes e o restante que podemos associar às pequenas ações e atitudes do dia a dia. Se ela desmoronar por causa de falta de cuidados ou uma traição, dificilmente será igual novamente.

Pense muito bem antes de ferir a confiança da pessoa amada. Às vezes, não há retorno.

Há um pensamento do Renée Venâncio que eu quero compartilhar para a sua reflexão:

"Confiança não se compra, não se vende e não se finge. Confiança é a força que nos move na direção de quem a gente mais ama. E, por mais que sejamos imperfeitos, confiar e ser confiável é muito mais do que um simples tratado social, é uma questão de caráter e de respeito ao próximo".

O que você vai fazer para fortalecer a confiança mútua no seu relacionamento?

O que você vai fazer para ser e demonstrar ser mais confiável?

8.2. RESPEITO

Não vai existir compromisso sem confiança. Não vai existir confiança sem respeito.

Infelizmente, nossa sociedade é a sociedade da falta de respeito, seja para com as autoridades, os pais, as instituições, os líderes, os mais velhos, etc.

Às vezes, isso acaba acontecendo dentro do casamento.

O respeito é um dos valores mais importantes do ser humano e tem grande importância em qualquer interação social. É preciso haver respeito o tempo todo.

Se pudéssemos traduzir o respeito, seria considerar a outra pessoa no mínimo igual a mim e, de preferência, como superior, isso é respeito, porque quando eu considero a pessoa no mínimo igual a mim, com os mesmos sentimentos, passível das mesmas dores, sentimentos e emoções, vou respeitá-la. Eu farei de tudo para agradá-la.

O respeito impede que alguém tenha atitudes reprováveis em relação à outra pessoa. Se respeito, eu não vou desagradar, não vou machucar, não vou torturar a outra pessoa, eu vou valorizar, vou considerá-la em alta estima. Isso é o verdadeiro respeito!

O respeito mútuo representa uma das formas mais básicas e essenciais para uma convivência saudável.

O respeito não pode ser teórico, tem que ser vivido e demonstrado no dia a dia por meio das pequenas ações, palavras e atitudes. Ralph Waldo Emerson resume bem isso na sua famosa frase: "Suas atitudes falam tão alto que eu não consigo ouvir o que você diz".

Como está o respeito no seu relacionamento? Vocês conseguem conversar de forma amistosa, mesmo os assuntos divergentes? Vocês conseguem se ouvir? Vocês conseguem preservar os direitos um do outro?

O que você vai fazer na prática para fortalecer o respeito no seu relacionamento?

Capítulo 9
Uma longa e maravilhosa jornada

Spa do casamento

Chegamos ao final do livro, mas não ao final da jornada. Há muita coisa em jogo para determinarmos um fim. Na verdade, começamos uma trajetória de aprendizagem, compreensão e permissão para sermos melhores cônjuges.

Com quase trinta anos de experiência conjugal, posso afirmar que vale a pena esforçar-nos para realizar as melhores experiências de um relacionamento a dois.

Todos os conceitos, dicas e exemplos do livro foram experienciados na vida real. Tive a oportunidade de acompanhar dezenas de casais ao longo dos últimos 25 anos ajudando e aprendendo muito com todas as situações vivenciadas.

Todos aqueles que se permitiram aprender tiveram sucesso na trajetória.

O que você vai fazer de diferente a partir de agora para, realmente, ter a melhor experiência de um casamento?

Qual é o compromisso que você assume com si mesmo(a) e seu cônjuge para fazer do seu casamento um pequeno paraíso? Afinal, vocês merecem!

Eu acredito no casamento! Eu acredito em vocês!

Abraços,

Elismar Alves
elismar.alves@lifestraining.com

REFERÊNCIAS

ACT COACHING. *Apostila master coaching*, 2015.
CARDOSO, Renato e Cristiane. *Casamento blindado*. Thomas Nelson Brasil, 2012.
CERBASI, Gustavo. *Casais inteligentes enriquecem juntos.* Editora Sextante, 2014.
CHAPMAN, Gary. *As cinco linguagens do amor.* Mundo Cristão, 2013.
CURY, Augusto. *As regras de ouro dos casais saudáveis.* Academia, 2014.
DAYTON, Howard. *O seu dinheiro.* Universidade da Família, 2015.
GALLO, Carmine. *Ted: falar, convencer, emocionar.* Editora Saraiva, 2014.
GOLEMAN, Daniel. *Foco.* Editora Objetiva, 2013.
_____. *Inteligência emocional.* Editora Objetiva, 2018.
IBC. *Apostila coach assessment.*
___. *Apostila professional and self coaching.*
HERCULANO, Suzana. *Apostila neurociências aplicadas ao coaching*, 2013.

JUNIOR, Cirilo. *IBGE: casamentos duram menos no Brasil; tempo médio é de 15 anos*. Disponível em: <https://bit.ly/2Xe1GZ0>.
KAMEI, Helder. *Psicologia positiva e flow*. Editora IBC, 2014.
LAHAYE, Tim e Beverly. *O ato conjugal*. Editora Betânia, 2018.
LUFT, Joseph; INGHAM, Harrington. *The johari window, a graphic model for interpersonal relations*, Los Angeles, University of California, (UCLA), Western Training Laboratory for Group Development, 1955.
MCCARTHY, Barry W. *What makes a happy, successful marriage?* Disponível em: <https://bit.ly/2YZsOf5>.
SELIGMAN, Martin. *Felicidade autêntica*. Editora Objetiva, 2002.
XAVIER, Arão. *As quatro leis da multiplicação financeira*. Editora Arão H. Xavier, 2014.